돌파매매 전략

전미투자대회
우승자들의
핵심 매매 기법

돌파매매 전략

systrader79,
김대현Nicholas Davars 지음

이레미디어

이 책은 신이 내린 책이다

보통 누가 나에게 접근해서 투자를 배우고 싶다고 하면 나는 "퀀트투자를 하시죠!"라고 유혹한다. 내가 나름 한국에서 알려진 퀀트투자자 아닌가!

대다수는 나에게 설득당하지만, 그중 꼭 개별주 투자를 하겠다는 사람들도 있다. 나는 '내 고객이 안 되겠네' 하고 실망하지만, 그래도 거짓말은 잘 못하는 성격이라 "음, 트레이딩을 잘하면 퀀트투자보다도 더 높은 수익을 낼 수 있습니다. 그렇게 하려면 리버모어, 다바스, 오닐, 미너비니, 와인스타인의 책을 읽고 그 내용을 그대로 따라 하시면 돼요"라고 조언한다. 나는 그 말을 하면서 실제로 이런 생각을 하곤 한다. '당신은 어차피 읽지도 않을 거고, 읽어 봤자 이해도 못 할 거잖아?' 그만큼 저 다섯 대가들이 하는 말은 간단해 보이지만 오묘하고, 심오하고, 핵심을 파악하기가 의외로 어렵다.

전미투자대회에서 우승한 투자자들의 대부분은 저 다섯 명의 이론을 토대로 투자를 하고 있고, 매년 수백 퍼센트의 수익을 내면서 대회에서 우승한다. 미너비니는 두 번, 오닐의 수제자인 데이비드 라이언은 세 번 우승했으며, 최근 4년간 우승자 모두 저 다섯 어르신의 이론을 따랐다. 오묘하고 심오하고 핵심을 파악하기 어렵지만, 핵심을 파악하고 실전에서 적용하면 성과가 매우 폭발적이라는 것이 입증된 것이다.

그런데 이제는, 저 다섯 명의 책은 나중에 읽고 이 책부터 읽으면 된다. 저 다섯 고수의 가르침을 제대로 이해한 사람이 쓴, 신이 내린 책이기 때문이다. 저 다섯 명이 구약을 썼다면 이 책이 '신약' 정도가 아닐까?

저 다섯 사람이 쓴 내용을 요약하자면 '돌파매매'이다. 그래서 이 책의 제목이 '돌파매매 전략'인 것이다. 나는 어리석게도 이를 '트레이딩' 또는 '추세추종' 정도로 설명했는데, '돌파매매'가 훨씬 더 정확한 요약이다.

왜 돌파매매가 눌림목 매매보다 더 쉽고 유리한지 아는가? 저 돌파매매가 왜 좋은 건지 아는가? 왜 그냥 막 오르는 주식을 사는 것이 아니라 베이스를 만든 후 돌파하는 주식을 사야 하는지 아는가?

이 책을 읽고 나서야 나도 와인스타인의 4단계, 미너비니의 변동성 감소 패턴을 정확하게 이해할 수 있었다. 자주 들었던 '손잡이가 달린 컵Cup with Handle' 이 왜 막강한 패턴인지 제대로 이해하는 사람은 몇 명이나 될까? 왜 거래량은 돌파 전에는 적어야 하고 돌파할 때는 폭발해야 할까? 도대체 어떻게, 언제 파는가? 리스크 관리는 어떻게 하는가? 이 모든 것을 정확하게 이해해야만 실전에서 돌파매매를 제대로 구사할 수 있다.

게다가 구약을 쓴 다섯 현인은 미국 시장이 무대였기 때문에 모든 사례가 미국 주식이다. 반면 두 저자는 구약의 내용을 한국 시장에 접목하면서 우리에게 친숙한 주식에 어떻게 적용하는지 자세히 설명했다. 참고로 나는 주식은 주로 퀀트 방식으로 투자하지만 코인은 돌파매매 기술을 활용한다. 그렇다. 여기서 배운 내용은 코인을 비롯해 선물 등 다른 자산에도 적용할 수 있는 것이다!

● **그림 0-1 강환국 저자 유튜브**

1094. 왜 내가 비트코인 8,400만 원을 추가매수 했을까
탈 수 있다! 알고 투자 · 조회수 3.2만회 · 3주 전
안녕하세요 할러님들~ 비트코인은 70% 하락 후 2배 오르면 그매가 매수 타이밍인데, 최근 기준에는 2023년 7월 14일이었고 그때 매수하였으면 90일...

10:46

비트코인은 2023년 4월부터 약 6개월 동안 횡보장을 겪다 10월 23일에 크게 상승하고, 전 고점(약 31,500달러)을 뚫었다. 그래서 33,600~33,800달러 구간에서 1.84개의 비트코인을 매수했다(한화로 당시 약 8,400만 원).

● 그림 0-2 강환국 매수 구간(10.24)

트레이딩의 신이자 구약 저자 중 한 명인 윌리엄 오닐의 수제자인 데이비드 라이언은 "가격이 최근에 움직였던 구간에 고점, 저점을 잇는 선을 그리고, 가격이 고점을 잇는 선을 돌파하면 매수해. 거래량도 같이 커지면 금상첨화"라는 말을 남겼다.

10월 23일, 바로 그런 모범적인 '고점 잇는 선 돌파'와 거래량 증가가 발생해서 바로 그다음 날 매수를 결정했다.

그 후 비트코인 흐름은 <그림 0-3>과 같았다.

● 그림 0-3 강환국 매수 이후(10.24~12.7)

보다시피 가격이 약 5주 만에 33,600달러에서 43,000달러까지 상승했다. 12월 초에 그 전 38,000달러 아래였던 가격이 다시 한 번 상승했다. 이것도 '베이스 돌파'라고 볼 수 있는가? 헷갈려서 저자에게 문의했는데, 여러 고민 끝에 "그렇다"라는 결론을 내려 주셨다. 아! 역시 나도 멀었구나. 이 책을 이참에 다시 읽어야겠다.

이렇게 직접 실전에서 재미를 보고 나니 이 책과 '돌파매매'에 더 큰 애착이 간다. 여러분도 개별주 또는 개별 코인으로 돈을 벌고 싶으면 이 책을 꼭 여러 번 정독하라! 나 역시 12월 초에 비트코인 돌파를 놓친 것을 크게 반성하면서 다시 한 번 읽겠다.

강환국

그동안 몇 권의 투자 서적을 썼는데 오랜만에 돌파매매 전략을 주제로 새로운 책을 쓰고 독자 여러분과 만나 뵙게 되어 감회가 새롭습니다.

돌파매매추세추종 매매 기법은 세계 최고의 트레이더들이 공통적으로 구사하는 트레이딩 기법입니다. 니콜라스 다바스, 리처드 돈키언, 리처드 데니스, 윌리엄 오닐, 마크 미너비니, 댄 쟁거 등의 전설적인 트레이더들은 모두 돌파매매 기법을 통해 엄청난 수익을 거두었습니다. 이들은 각자 다른 시장이나 종목, 기간, 방법을 사용했지만, 시장의 추세를 따라 가격이 하락할 때가 아닌 돌파 시점에 진입하여 끝까지 수익을 취하는 방식을 취했다는 것은 모두 동일하다고 할 수 있습니다.

돌파매매 기법은 시장의 흐름에 따라 상승 추세에 매수하고 하락할 때 매도하는 매우 단순한 투자 기법입니다. 이 단순함이 오히려 매매의 성공을 위한 가장 중요한 요소이자 강점이라고 할 수 있습니다. 시장은 늘 변화하고 불확실하기 때문에 복잡한 분석이나 예측은 오히려 투자자의 판단을 흐리고 실수를 유발합니다. 반면 돌파매매 기법은 복잡한 지표나 경제 분석 없이도 시장의 움직임을 그대로 받아들이고 따라가기 때문에, 투자자의 주관이나 감정을 배제하고 객관적으로 매매할 수 있습니다.

뿐만 아니라, 가장 단순한 차트의 움직임과 기술적 분석만으로도 얼마든지 기계적이고 체계적으로 매매할 수 있기 때문에 트레이더라면 반드시 이 기법을 실전 매매에 장착하고 있어야 합니다. 설령 이 기법으로 트레이딩하지 않는다더라도, 돌파매매의 원리는 주가 움직임의 핵심 원리이기 때문에 이와 관련한 배경지식은 험난한 주식 투자 세계에서 살아남기 위해서라도 반드시 알아야 할 교양 필수라고 할 수 있습니다.

하지만 국내에는 단기적인 선물 시스템 트레이딩을 제외하고는, 주식시장에서 정석적인 돌파매매 기법을 소개하는 책이 극히 드물고, 실제로 투자하는 사람도 매우 적다는 점이 늘 아쉬웠습니다. 최근에는 훌륭한 번역서도 많이 소개되고 있지만, 국내 주식시장의 실정에 맞는 교과서적인 책은 정말 찾아보기 어려운 실정이었습니다. 하지만 어디에나 고수는 숨어 있는 법입니다. 페이스북에서 꾸준히 활동하는, 차트 패턴과 기술적 분석, 돌파매매에 해박한 지식과 실전 경험을 가진 김대현(필명: Nicholas Davars) 님을 온라인을 통해 알고 교류하면서 함께 책을 쓰게 되었습니다.

최근에는 정량적인 퀀트 매매 기법이 개인 투자자들에게도 확산되어 철저한 근거 기반의 트레이딩 기법으로 트레이딩하는 투자자가 늘고 있는데, 개인적으로는 매우 바람직하다고 생각합니다. 하지만 퀀트 매매 기법만이 능사는 아닙니다. 트레이딩의 세계에는 정말로 다양하고 신선한 매매 기법이 많이 있습니다. 비단 정량적인 퀀트 매매 기법이 아니더라도 정량하기 힘든, 차트 패턴을 통한 트레이딩 기법도 정말 훌륭한 기법입니다. 때문에 진지하게 트레이딩을 하는 투자자라면 반드시 알고 있어야 하는 지식이라고 할 수 있습니다.

이 책에서는 돌파매매 기법의 기본 원리와 실제 적용 방법을 아주 자세히 소개했습니다. 특별히 돌파매매 기법 중 손익비가 높고 안전한, 변동성 축소 셋업 이후에 진입하는 기법을 집중적으로 설명했습니다. 이 기법은 지수 대비 상대 강도가 강한 주도주가 변동성이 축소된 상태에서 주가가 저항선을 돌파하는 시점에 매수하여 분할 매도와 피라미딩으로 수익을 실현하는 트레이딩 방법으로, 손익비가 크면서도 안정성도 높아 모든 트레이더에게 큰 도움이 되는 투자 기법입니다.

이 책에서는 단순히 지엽적인 돌파매매의 검색식이나 공식을 제시하는 것에 그치지 않고, 돌파매매의 핵심 원리, 돌파매매의 셋업, 매물대와 차트 패턴 분석, 종목 선정, 진입 시점, 손절매, 수익 쿠션 확보, 자금 관리, 피라미딩, 분할 매도 등 돌파매매에 필요한 가장 기초적인 이론부터 가장 실전적인 검색식까지, 돌파매매의 모든 것을 아주 상세히 다루었습니다. 또한 기존의 투자 서적에서는 접하지 못했던 차트 패턴 매물대 분석, 상대 강도 정량 등 차트를 보는 색다른 기술적 관점도 소개하여, 주식 투자를 처음 시작하는 초보부터 노련한 고수에 이르기까지 모두에게 큰 도움이 되리라 확신합니다.

함께 책을 쓰긴 했지만, 상당 부분은 김대현 님께서 쓰셨습니다. 그럼에도 불구하고 책에 담긴 내용들은 저의 투자 철학과 상식 논리와도 완벽히 일치했기에 즐거운 마음으로 교류하며 집필을 마무리할 수 있었습니다. 풍부한 투자 경험에서 우러나오는 실전적인 지식과 탄탄한 기술적 분석으로 지식을 녹여낸 공저자 김대현 님께 이 자리를 빌려 진심으로 감사의 말씀을 전합니다.

이 한 권의 책이 여러분이 험난한 주식시장에서 살아남는 데 조금이나마 도움이 되었으면 좋겠습니다. 감사합니다.

systrader79

서문

40년간 투자하면서 수없이 많은 투자서를 읽어 왔지만, 소장할 만한 책은 채 몇 권이 되지 않는다.

_ 데이비드 라이언, 전미투자대회 3년 연속 우승자

    데이비드 라이언은 투자 실력뿐만 아니라 인격과 품성까지 갖춘 사람이라 이렇게 점잖게 표현했지만, 저는 좀 더 직설적으로 말하고 싶습니다. "지금 서점 경제 코너에 꽂혀 있는 대부분의 책은 쓰레기"라고 말이죠. 저는 투자자들이 투자 서적을 사기 전에 반드시 본인에게 물어야 하는 질문이 있다고 생각합니다. "이 책을 읽어야 하는 이유가 무엇인가?"

- 최소 저항선The Least Resistance : 단 하루 만에 2조를 넘게 번 전설적인 투자자 제시 리버모어는 "수요와 공급의 불일치로 인해 가격이 급등하는 지점"이 있다고 했습니다. 그것을 그는 최소 저항선이라고 명명했죠. 그리고 그는 이런 최소 저항 지점을 이용해서 막대한 부를 창출했습니다.

- 연금술사들Alchemists : 돌을 황금으로 만들 수 있는 화학적인 조합을 만들겠다는 꿈은 중세 시대의 최고의 석학들로 하여금 연구에 집착하게 했죠. 탐욕이야말로 인간을 극한까지 일하게 만드는 원동력입니다. 리버모어의 최소 저항선도 연금술과 크게 다르지 않습니다. 리버모어 사후, 사람들은 이 전설적인 투자자의 투자 비법을 연구하기 시작합니다. 그렇게 연금술과 달리 리버모어의 최소 저항선은 그 비밀이 대부분 밝혀지죠. 윌리엄 자일러가 '손잡이가 달린 접시'를 밝혀낸 후에 그의 연구를 이어 받아 오닐이 '손잡이가 달린 컵'이라는 패턴을 주제로 한 서적을 발간합니다. 그것이 전미 베스트셀러인 『최고의 주식, 최적의 타이밍』입니다.

- 전미투자대회: 농구는 NBA, 하키는 NHL, 격투기는 UFC. 각 분야에서 최고의 선수들이 참가하여 자웅을 가리는 경기들입니다. 그렇다면 투자대회는 없을까요? NBA,

NHL, UFC와 같이 공인된 기관에서 엄정한 검증을 통해 전 세계 최고의 투자자를 뽑는 대회가 있습니다. 이를 전미투자대회US Investing Championship라고 합니다. 그런데 놀라운 일이 발생합니다. 전미투자대회의 우승자들은 이제까지 모두 오닐의 연구를 바탕으로 한 추세추종 차티스트였고, 심지어 매년 10위권 안에 든 상위 랭커도 대부분 이들이 차지합니다. 오닐의 연구 성과가 전미투자대회를 통해서 입증되죠.

- 이 책을 읽어야 하는 이유: 오닐식 추세추종 전략만큼 검증된 전략은 존재하지 않습니다. 리버모어, 다바스, 오닐, 데이비드 라이언, 마크 미너비니라는 불세출의 트레이더들의 전략은 그럼에도 불구하고 국내에서는 소개가 미진하고, 또한 오역되는 경우가 허다합니다. 다행히 국내에도 『초수익 성장주 투자』와 같은 추세추종의 교과서가 번역 출간되었습니다. 다만 이 전략을 국내 시장에서 어떻게 활용할 것인지에 대한 책은 여전히 전무한 상태입니다.

『돌파매매 전략』은 현존 최강의 전략이라는 오닐식 추세추종을 국내 주식에 적용시킨 최초의 서적입니다. 이 책은 리버모어의 '최소 저항선'이 국내의 주식들에게 어떻게 적용되는지—정확한 매수, 매도 지점—에 대해 설명합니다.

만약 이 책을 처음 접한 독자분께서 '나는 가치 투자자이기 때문에 정확히 매매하는 것이 중요하지 않아!'라고 생각한다면, 이렇게 한 번 생각해 보세요. 엑스레이가 필요하지 않다고 생각하는 의사는 없을 거라고. 저는 가치 투자자가 언제 매수와 매도를 해야 하는지에 대해 정확히 알게 된다면, 그들의 기업 분석에 날개가 달릴 것이라고 믿습니다.

김대현 Nicholas Davars

BREAK
THROUGH

차례

 돌파매매의 당위성

 돌파매매의 거장들

Chapter **3** 리스크 관리와 차트 설정

Chapter **4** 패턴을 이용한 매수법

Chapter 5 돌파매매의 핵심 원칙

자금 관리와 손절

연습만이 살길이다

부록

Chapter

1

돌파매매의
당위성

가치 투자 vs. 기술적 분석

막 주식 투자를 시작한 투자자들 중 '기술적 분석'을 하겠다는 사람은 없을 겁니다. 대부분은 주식 투자 하면 제일 먼저 떠오르는 인물인 '워런 버핏'의 방식부터 배우려고 하겠죠. 저도 그랬습니다. 제가 처음 산 투자 서적도 벤저민 그레이엄의 『현명한 투자자』였습니다.

투자자들이 '기술적 분석'을 선호하지 않는 이유는 무엇일까요? 숫자와 활자의 마력 그리고 그래픽으로 표현된 차트보다는 수치, 전문용어, 멋들어진 양식으로 표현되어 있는 재무제표와 기업 리포트를 더 신뢰할 수 있다고 생각하기 때문입니다. 짐 로저스는 기술적 분석을 두고 "내가 만난 기술적 분석가들은 모두 가난했어. 점심시간에는 싸구려 샌드위치를 사무실에 싸 가지고 가서 먹더라고" 하며 폄하하기도 했습니다. 짐 로저스만 그런 게 아닙니다. 대부분 제도권 전문 투자자는 기술적 분석을 좋게 바라보지 않습니다. 그들은 기술적 분석의 무용성을 주장하거나 펀더멘털 분석의 보조 역할로 제한시키고자 합니다. 하지만 알아 둬야 할 것이 있습니다. 짐 로저스는 당연히 위대한 투자자이지만 그의 판단은 중국 투자에 대한 그의 비전과 같이 종종 틀린다는 것입니다.

저는 여기서 반론을 제시하고자 합니다. 다음은 전 세계에서 가장 공신력 있는 투자대회인 전미투자대회US investing championship의 최근 우승자 명단입니다.

- 2019 레이프 소레이드Leif Soreide YTD* 60.9% 기술적 분석가
- 2020 올리버 켈Oliver Kell YTD 941% 기술적 분석가
- 2021 마크 미너비니Mark Minervini YTD 334.8% 기술적 분석가
- 2021 아프잘 로칸달라Afzal Lokhandwala YTD 447% 기술적 분석가

지난 4년간의 전미투자대회 우승자들은 추세추종 매매를 하는 기술적 분석가였습니다. 놀라운 건 2019년도는 우승자 레이프를 포함한 1위부터 4위 모두 2021년 우승자 미너비니의 제자라는 사실입니다. 미너비니는 오닐의 세미나를 듣는 수강생이었습니다. 미너비니의 멘토인 데이비드 라이언David Ryan 역시 오닐의 수제자로 전미투자대회를 3회 연속 우승했습니다. 1년에 29,233%의 수익률을 올려 기네스북에 오른 댄 쟁거Dan Zanger 역시 오닐의 추세추종 방식을 좇는 기술적 분석가입니다.

저는 늘 궁금했습니다. '왜 전미투자대회 상위권 명단에서는 제도권 전문가들과 대다수의 한국 투자자가 추종하는 가치 투자자들을 발견하기가 힘들까?' 누군가는 이에 대한 대답으로 "가치 투자자들이 역량을 발휘하기에 1년은 비교적 짧기 때문이다. 보다 기간이 길면 가치 투자자들의 성과가 기술적 분석가들을 압도할 수 있을 것이다"라는 의견을 제시하지만, 사실은 결코 그

---

* 연초 누적증감률

렇지 않습니다. 기간이 길어질수록 시장의 노출도가 커지고, 시장의 노출도가 커질수록 시장이 조정을 거칠 때 큰 손실을 입거나 수익을 반납할 확률도 높아집니다. 가치 투자자들이 믿는 분산과 헤징은 하락장에서 자신을 완벽하게 지켜 주지 못합니다. 반면 손절과 점진적 베팅을 하는 추세추종 매매자들은 하락장에서도 자산과 수익을 안전하게 지킬 수 있습니다.

기술적 분석에 의한
매매법 두 가지

돌파매매는 선택이 아닌 필수다

그렇다면 기술적 분석을 이용한 매매법으로는 어떤 것이 있을까요? 크게 두 가지가 있습니다. 하나는 가격이 상승할 때 매매하는 돌파매매, 다른 하나는 가격이 조정(일시적인 하락)을 보일 때 매매하는 눌림목_{Pullback} 매매입니다. 그림으로 설명하면 [그림 1-1]과 같습니다.

우리는 이 중 돌파매매 방식을 공부해 볼 것입니다. 이 그림을 본 독자분

● 그림 1-1 돌파매매와 눌림목 매매

들 중에서는 '눌림목 매매를 할 경우 훨씬 낮은 지점에서 살 수가 있는데 왜 굳이 더 높은 매수 지점인 돌파매매를 공부해야 하지?'라고 생각할 수 있습니다. 하지만 돌파매매는 선택이 아니라 필수입니다.

우리는 무의식적으로 낮은 가격에 무언가를 구매하는 것이 이득이라는 고정관념을 가지고 있습니다. 그러므로 가격이 상승할 때 매수하는 돌파매매보다 눌림목 때 매수하는 게 안전하다고 본능적으로 생각할 수밖에 없습니다. 하지만 우리는 명심해야 합니다. '주식시장에서는 대부분 나의 본능과 본성을 거스르는 선택'을 해야 한다는 것을 말입니다. 시장에는 추세가 존재합니다. 추세란 상승하는 종목은 계속 상승하고, 하락하는 종목은 계속 하락하려는 일종의 관성입니다. 눌림목에서 매수하는 경우 매입 단가를 낮출 수 있다는 장점이 있지만 보통 강력한 종목들은 조정조차 주지 않고 계속 오릅니다. 한편 약하거나 하락하는 종목들은 눌림 이후 더 내려가기 때문에 돌파매매가 중요합니다.

또한 눌림목 때 저가 매수를 할 경우 흔들기Shakeout*에 당할 수 있습니다.

● 그림 1-2 메르카도리브레 일간 차트(2007.04~12)

....

* 큰 상승 직전의 종목들은 이따금 가격이 급락하는데 이를 흔들기라고 한다.

큰 상승을 앞둔 주도주들은 상승 직전에 몇 차례의 큰 하락을 일으키는데 이것이 '흔들기'이며, 투자자들이 지지선이라고 생각하는 지점에서 종종 발생합니다. 이런 흔들기에 당하지 않으려면 가격이 상승할 때 돌파매매해야 합니다.

발가락만 살짝 담그는 전략

돌파매매는 최고의 트레이더들이 가장 선호하는 매수 방식입니다. 댄 쟁거는 이렇게 말하기도 했습니다. "돌파매매가 최고다. 내 매매의 90% 이상이 돌파매매다." 3회 연속으로 전미투자대회 타이틀을 거머쥐었을 때 데이비드 라이언은 100% 돌파매매만 했습니다. 올리버 켈, 레이프 소레이드, 마크 미너비니 같은 최근 전미투자대회 우승자들의 기본 매수 방식 역시 조정 시 눌림목 매매가 아니라 돌파매매입니다.

전업 투자자가 아닌 우리는 선택권이 별로 없습니다. 대부분의 직장인은 주가가 조정을 받으면 '이쯤에서 반등할 거야!' 하며 차트를 계속 주시할 수 없습니다. 조정 후 반등할 때 매수하는 눌림목 매매는 거래량과 시장 분위기의 모니터링이 중요한데 우리는 그 시간에 회의에 참석해서 발표를 하거나 고객 응대를 하거나 산더미처럼 쌓인 서류와 씨름하고 있을지 모릅니다. 정신 건강을 위해서도, 업무에 집중하기 위해서라도 돌파매매를 하는 것이 좋습니다.

돌파매매는 시장의 결을 따라 포지션을 점진적으로 구축_{Accumulation}할 수 있습니다. 대체로 시장이 상승세일 때 성공합니다. 즉 시장이 상승세일 때는 자연스럽게 포지션이 늘어나고, 시장이 하락세일 때는 손절로 인해 자연스럽게 포지션이 줄어듭니다.

시장을 통화량, 환율, 수출입 동향, 외국인 매수량, 신용 잔고, 장단기 금리 차와 같은 거시경제지표를 이용해서 예측하는 전문가가 많습니다. 그러나 역사적으로 되짚어 보건대 그들의 말이 맞았던가요? 미래 가격 예측을 매크로와 재무제표로 할 수 있다면 경제학과 교수들과 회계사들은 모두 주식으로 부자가 되었어야 합니다.

이런 복잡한 분석 대신 아주 간단하게 시장의 결을 따라 매수하는 방법이 있습니다. 오닐의 수제자이자 전미투자대회 3회 연속 우승이라는 금자탑의 주인공 데이비드 라이언의 비기인 '발가락만 살짝 담그는Toe in the Water' 전략입니다. 몇 번 시험 삼아 매수를 해 보고Pilot Buy, 수익이 나면 그다음부터 점점 과감하게 베팅액을 늘리는 것입니다. 데이비드는 EPS와 매출이 좋고, 출시한 상품을 사려고 사람들이 줄을 서고, CEO의 능력이 아무리 출중하더라도 절대 큰 비중으로 첫 매수를 하지 않습니다. 그는 자산의 5~10%만을 시험 삼아 넣어 보고, 매매가 잘 되면 그다음 매매부터 15~20%로 비중을 늘렸습니다. 시험 삼아 해 본 매매가 잘 안 되면 그때부터는 비중을 반대로 줄였습니다.

이 방식은 여러분이 가장 매매를 잘할 때 가장 큰 금액으로, 당신이 가장 매매를 못할 때 가장 적은 금액으로 매매할 수 있게 해 줍니다. 내가 산 종목의 비중은 '확신'이 아니라 '성공 리듬'에 따라 실어야 합니다. [그림 1-3]은 데이비드 라이언의 '발가락만 살짝 담그는' 전략과 매매의 리듬이 좋을 때 공격적으로 비중을 늘리는 실제 매매 기록을 표시한 차트입니다.

● 그림 1-3 데이비드 라이언의 '발가락만 살짝 담그는 전략'. 무엇을 사도 오르는 타이밍은 특정 시기에 한정되어 있습니다.
즉 이런 특정 시기에만 비중을 싣고, 나머지 기간에는 발가락만 살짝 담그면서 적절한 타이밍이 올 때까지 기다려야 합니다.

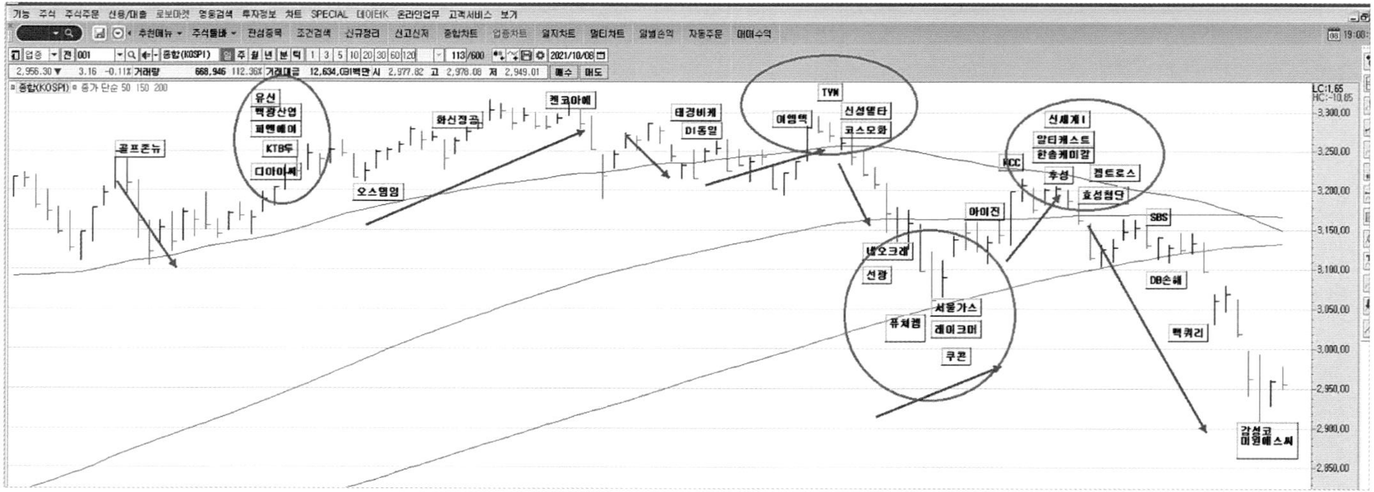

● 화살표의 상승: 베팅을 늘림
● 화살표의 하락: 베팅을 줄임
● 동그라미 친 시기: 비중을 공격적으로 실어야 하는 시기

돌파매매,
왜 해야 하는가?

돌파매매의 장점 다섯 가지

전미투자대회에서 우승한 기술적 분석가들은 대체로 롱_{Long}* 포지션을 돌파매매를 통해 구축합니다. 확률 게임인 주식시장에서 승리하려면 확률적으로 가장 우위에 있는 방식을 써야 합니다. 그렇다면 롱과 숏_{Short}** 중 어느 것이 확률적으로 우위에 있을까요? 확률적으로 보면 롱이 숏보다 수익을 내기에 용이합니다. 왜냐하면 주식은 전체적으로 봤을 때 오르려는 성질이 있기 때문입니다. 전미투자대회 챔피언들은 이 사실을 잘 알고 있었고, 상승장에서는 롱 포지션으로 적극적인 매수를 하는 대신, 하락장에서는 숏보다 현금을 보유하며 매매를 쉬었습니다. 물론 이따금 숏 주문을 내는 경우도 있긴 합니다.

여기에 더해서 돌파매매의 장점을 몇 가지 더 열거하면 다음과 같습니다.

....

* 가격이 상승하는 데 베팅

** 가격이 하락하는 데 베팅

•돌파매매는 시장의 결을 따라 투자하는 방식입니다. 시장은 상승 추세일 때 정확한 피봇 포인트~Pivot Point~ *를 돌파하는 경향이 강합니다. 반면

● 그림 1-4 제이브이엠 일간 차트(2021.10~2022.10). 시장의 하락이 시작되는 시점에 발생한 눌림목 매수 시그널. 눌림목에서 반등은 했으나 시장의 하락 추세가 가속화되면서 결국 하락 마감했다.

● 그림 1-5 피엔에이치테크 일간 차트(2020.09~2021.07). 시장의 상승이 시작되는 시점에 발생한 돌파 매매 시그널. 돌파 시기 이후 시장이 상승세를 이어 가면서 자연스럽게 가격도 지속적으로 상승했다.

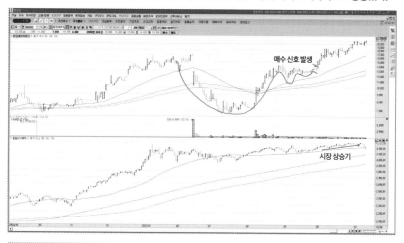

* 피봇 포인트란 특정 가격대를 통과하면 급등하는 포인트를 말합니다. 이와 같이 특정 가격에서 급등이 나오는 이유는 기관 투자자들의 공격적인 매수로 인해 매도 물량이 극도로 줄어든 상황에서 다시 기관 투자자들이 매수를 재개할 시, 비교적 적은 물량만을 매수해도 가격이 급등하게 되기 때문입니다. 이런 피봇 포인트는 대표적으로 손잡이가 달린 컵의 손잡이 부분, Flatbase의 전 고점 등 앞으로 다룰 매수 포인트에서 설명을 할 예정입니다.

저가 매수나 눌림목 매매는 시장이 하락 추세에 막 접어들 때 하는 경우가 많습니다. 즉 돌파매매를 하면 시장의 상승기에는 자연스럽게 포지션을 늘리고, 시장의 하락기에는 관망할 수 있습니다.

• 돌파매매가 최고인 이유는 댄 쟁거가 말했듯이 "보통 좋은 주식은 뒤도 돌아보지 않고 상승하기 때문"입니다. 많은 경우 100%, 300%, 500% 오르는 주식은 조정의 여지조차 주지 않고 급상승합니다. 이런 주식들을 돌파 후 조정을 거칠 때 매수하겠다고 기다리면 기회는 영영 오지 않을 수도 있습니다.

• 리버모어는 사자마자 수익이 나는 주식이 좋은 주식이라고 했습니다. 돌파매매를 성공하자마자 바로 생기는 3~5%의 든든한 수익 쿠션은 시장의 조정기에도 공포에 질려 팔려 하지 않고, 충분히 상승할 때까지 보유할 수 있는 자신감을 줍니다. 데이비드 라이언도 "사자마자 수익이 생기는 주식이야말로 최고의 성과를 보여 주는 경우가 많았다"고 말했습니다.

• 전업 투자자가 아닌 직장인 파트타임 투자자들에게 최적의 투자 방식입니다. 전날 밤에 돌파할 때만 매수하고 미리 결정한 손실 제한 금액에 도달하면 매도하는 방식을 자동으로 설정해 둔다면 일과 중에 업무에만 집중할 수 있습니다. 조정 시 매수하는 방식이 제공하기 힘든 집중도와 편안함은 돌파매매만이 제공하는 '특급 서비스'입니다.

• 가격이 오를 때 매수하기 때문에 급락할 확률이 높다는 이유로 위험성이 크다고 생각하는 투자자가 많습니다. 돌파매매보다 눌림목 매매가 선호되는 가장 큰 이유이기도 합니다. 하지만 여러분 스스로를 되돌아보십시오. 흐름을 탄 종목은 계속 오르고, 싸다고 생각해서 저가 매수한

종목들은 계속해서 내려가는 것을 수도 없이 목격했을 겁니다. 돌파매매는 이미 상승세를 탄 종목을 매수하기 때문에 다음 시가가 갭 다운하는 경우도 극히 드물고, 매도하기에 좋은 우호적인 기회를 여러 번 제공합니다.

저는 시장이 조정기에 있다고 해서 "오늘은 시장 분위기가 나쁘니 돌파매매 주문을 걸지 말자!"고 하지 않습니다. 시장의 환경이 좋지 않으면 자연스럽게 돌파매매 시도 횟수도 줄어듭니다. 즉 이 방식은 시장의 강세, 약세를 투자자가 예측하지 않아도 되는, 자연스럽게 시장의 결을 따라 투자할 수 있는 이점을 제공합니다. 좀 더 자세히 설명해 보겠습니다.

눌림목 매매의 위험성

우리가 인생을 살면서 배운 학습과 습관은 투자 결정에도 지대한 영향을 미칩니다. 우리는 오랫동안 물건은 쌀 때 사야 한다고 배워 왔고, 그렇게 가성비를 중요하게 여기게 되었습니다. 하지만 이런 BLSH_{Buy Low Sell High}(싸게 사서 비싸게 판다) DNA에 각인된 습관이 주식시장에서 문제를 일으킵니다.

특히 상승장(호황장)보다 하락장에서 문제를 야기하는데 그 이유는 시장의 하락 추세가 진행될수록 아이러니하게도 BLSH의 매수 포인트가 늘어나기 때문입니다. 하락장에서는 저평가된 낙폭 과대주가 쏟아져 나옵니다. 그리고 많은 투자자가 이를 바겐세일로 여기고 저가 매수를 합니다. 이렇게 본능에 따라 투자하면 시장이 상승할 때는 조정을 기다리며 매수하지 못하다가 시장이 하락하기 시작할 때 차익 실현을 하고자 기관 투자자들이 토해 내는 물량을 받아먹는 최악의 상황이 발생할 가능성이 높습니다. 특히 눌림목 매매는 가장 매매를 자제해야 할 시기에 잘못된 매수 시그널을 많이 만들어

● 그림 1-7 제이브이엠 일간 차트(2021.10~2022.10)

냅니다.

눌림목 매매가 나쁘다는 게 아닙니다. 급격하게 증가한 거래량과 더불어 상승한 종목의 주가가 일시적인 조정을 보일 때 매수한다면 추세를 거스르지 않는 훌륭한 매수가 될 수 있습니다. 하지만 쉽지 않습니다. 눌림목 매매가 주는 심리적 안정감과 달리 추세를 거스르는 일이 많은 매매법입니다. 눌림목 매매는 우리가 생각하는 것보다 훨씬 더 어렵고 위험한 방법입니다.

투자자들은 시장의 하락이 지속될수록 바겐세일이라고 여겨지는 종목들을 사고 싶어 합니다. 좀 더 세련된 방식인 눌림목 매매도 마찬가지입니다. 시장의 조정기나 하락기 초입에 보다 많은 매수 신호를 발생시킵니다. 앞서 살핀 바 있는 제이브이엠 차트가 그 예입니다.

그에 반해 돌파매매 지점은 시장이 반등을 하거나 상승세를 계속 이어 나갈 때 더 많이 발생합니다. 이는 기관 자금들의 매집으로 인한 돌파가 주로 시장의 상승기에 이뤄지기 때문입니다. 이런 기관 자금의 특징을 파악한다면 하락장에서 오히려 돌파매매가 상승장의 파도를 탈 수 있는 방법임을 알 수 있습니다. 돌파매매를 하는 투자자라면 하락장에서 매수 주문을 걸어 놔도 체결이 안 된 경험을 해 봤을 겁니다. 이렇듯 돌파매매는 시장의 방향이 상승세로 돌아섰을 때 자연스럽게 그 파도를 탈 수 있도록 가이드 역할을 합니다.

그렇다면 돌파매매는 어떻게 하는 걸까요? 이와 관련해서 추세추종 돌파매매의 두 거장, 니콜라스 다바스와 윌리엄 오닐을 통해 설명해 보겠습니다.

Chapter

2

돌파매매의
거장들

전설적인 파트타임 투자자, 니콜라스 다바스

지금 저보고 믿으라는 겁니까?

1959년 5월 월스트리트에서 다바스라는 한 개인 투자자가 화제의 인물로 떠올랐습니다. 월스트리트 출신의 제도권 전문 투자자도 아니고 풀타임 전업 투자자도 아닌 데다가 심지어 댄서가 직업인 이 파트타임 투자자가 주식시장에서 큰 성공을 거두었기 때문입니다.

이 사실은 《타임》지의 관심을 끌었습니다. 《타임》지는 계좌 검증을 위해 기자들과 회계사들을 파견했습니다. 그들은 처음에는 직업이 댄서인 이 파트타임 투자자의 놀라운 성공을 믿으려 하지 않았습니다. 다바스의 경력과 학력이 인상적이지 않았을 뿐만 아니라 그가 개발한 독특한 박스이론—주가의 범위를 박스로 그리고, 박스를 돌파하면 매매하는 단순한 방식—에 대해 대수롭지 않게 생각했기 때문입니다.

"이봐요, 다바스 씨, 정말 그게 다입니까? 그러지 말고 솔직하게 숨겨진 비법을 이야기해 보세요. 기업의 내부 정보는 어떤 리소스를 통해 파악하고,

뉴스는 어떻게 해석하는지 그리고 연준의 금리정책과 시장의 사이클에 따른 대응법 같은 고급 스킬도 공개해 주세요. 주가만 보고 박스를 그은 뒤 그에 따라 매매해서 돈을 벌었다는 말을 지금 저보고 믿으라는 겁니까?"

《타임》지에 기사를 내기 전까지 다바스의 주식 계좌는 여러 전문가에게 며칠에 걸쳐 혹독한 검증을 거치게 됩니다. (심지어 그들은 다바스가 진짜 댄서인지 확인하기 위해 공연까지 관람합니다.) 그렇게 수차례의 검증을 끝내고 나서야 그들은 다바스의 성공 스토리와 그의 '놀라운' 박스 이론을 타임지에 싣습니다.

다바스 매매의 특징

《타임》지에 실릴 정도의 놀라운 성과를 낸 이 개인 투자자의 특징을 정리해 보면 다음과 같습니다.

• 그는 장중에 일절 매매를 하지 않는다

많은 투자자가 "하루 종일 주식 투자에만 집중할 수 있다면 성공할 수 있을 텐데!"라고 입버릇처럼 이야기합니다. 그렇지만 다바스는 댄서로 활동하며 남는 시간을 쪼개서 투자했습니다. 밤에 공연을 하기 때문에 장이 열리는 낮 시간에는 어쩔 수 없이 자야 했는데, 오히려 장중에 수면을 취한 덕분에 시장의 노이즈에 현혹되지 않고 본인의 투자 방식에 더 집중할 수 있었다고 합니다. 이걸 가능하게 한 것은 장이 열리기 전에 해 놓은 자동 매수, 매도 주문이 있었기 때문입니다. (자동 매수, 매도 주문 방법에 관해서는 추후에 심도 있게 다룰 예정입니다.)

- **펀더멘털과 기업 분석을 중요하게 생각하지 않는다**

그는 스스로를 테크노 펀더멘털리스트_{Techno-Fundamentalist}(기술적 분석과 펀더멘털 분석 모두를 중시하는 투자자)라고 불렀지만 그의 매매를 보면 그는 기술적 분석 방식에 극도로 치우친 하이브리드였음을 알 수가 있습니다. (다바스의 투자 방식을 오랫동안 연구한 'New Trader'의 운영자 스티브 번스_{Steve Burns}는 그를 '순수한 기술적 분석가'라고까지 정의했습니다.) 물론 그도 새롭게 약동하는 산업과 기업의 이익_{Earning} 개선 여부를 참고했지만, 자신이 투자하는 기업의 대표 상품은 관심을 가지지 않을 정도로 극히 제한적인 펀더멘털 분석만 했습니다. 그리고 브루스_{E.L. Bruce} 매매와 같이 그나마 참고하던 펀더멘털조차 일절 무시한 채 매매를 한 경우도 적지 않습니다.

다바스식 자동매매 주문 전략 설정

다바스의 매매법은 직장인들이 쉽게 따라 할 수 있다는 장점이 있습니다. 특히 다바스가 장중에 수면을 취했듯이 여러분도 회사 업무에만 집중할 수 있는 매매법입니다. 또한 장중에 발생하는 쓸데없는 노이즈에도 현혹되지 않을 것이기에 뇌동 매매를 하지 않게 해 주는 장점이 있습니다.

다바스가 그의 주식 중개인에게 일임했던 자동 지정가 주문 및 손절을 똑같이 구현해 보겠습니다. 주식 중개인을 통해야 했던 다바스 시대와 달리 우리는 HTS와 스마트폰의 MTS를 이용해서 주문을 미리 할 수가 있습니다. 중개인에게 지불하는 수수료를 염려하지 않아도 되는 방식이죠. 한 예로 '대보마그네틱이란 종목이 손잡이가 달린 컵을 돌파할 때 매수하고 싶다!'고 한다면 손잡이 부분의 고점 가격인 61,100원을 돌파했을 때 매수를 걸어 두는

● 그림 2-1 대보마그네틱 일간 차트

● 그림 2-2 자동매매 설정 방법 1

① 키움 영웅문 검색 창에 화면 검색에서 '0624' 주식 자동감시주문 입력

② 신규 종목 자동 매수 클릭

● 그림 2-3 자동매매 설정 방법 2

③ 종목 검색 창에 '대보마그네틱' 입력

④ 오른쪽 '매수 주문 → 주문 가격'에 핸들의 고점 가격인 61,100원 입력

● 그림 2-4 자동매매 설정 방법 3

⑤ '매수 주문 → 주문 가격'에서 '↑'를 클릭하여 목표가를 1틱 올림: 61,100원 → 61,200원

⑥ '감시 조건 설정 → 현재 가격'에 61,200원 입력

⑦ 주문 수량을 금액으로 변환(예: 1000만 원)

⑧ '조건 추가' 클릭

● 그림 2-5 자동매매 설정 방법 4

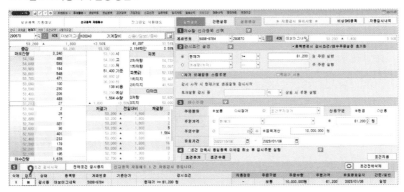

⑨ '감시 활성화' 클릭

겁니다.

　이번엔 돌파 실패 시 자동으로 손절해 주는 '잔고 편입 자동매도' 조건 설정을 알아보겠습니다.

● 그림 2-6 자동매도 설정 방법

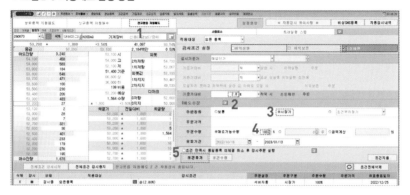

① 잔고편입 자동매도 탭

② 기준가 대비 2.8% 입력

③ 주문 종류 시장가(급락 시에도 바로 손절할 수 있도록 시장가 매도 선택)

④ 매도 가능 수량 100%(전체 매도)

⑤ 마지막으로 조건 추가

이렇게 세팅하면 장중의 노이즈에 뇌동 매매를 할 이유도, 점심 먹고 잠깐 한눈 판 사이에 지수가 급락해서 손실이 눈덩이처럼 불어날 일도, 매수하려고 며칠간 보고 있던 종목을 놓치는 일도 없게 됩니다. (다만 갭 상승 시에는 놓칩니다.) 40년 전에 다바스가 자동매매를 믿고 장중에는 숙면을 취했던 것처럼 말이죠.

압도적인 양의 리서치로 완성시킨 매매법, 윌리엄 오닐

"아니, 그렇게 좋은 주식이라면 주가는 왜 그 모양인 거야?"
_ 윌리엄 오닐, BLSH만이 유일한 성공 투자 방식이라고 주장하는 어느 투자자와의 논쟁 중에서

가격이 비싼 종목만을 매수하라

주식시장에는 너무나 유명한 격언이 있습니다. "싸게 사서 비싸게 팔아라." 얼마나 유명하냐면 모두가 이 말을 알고 있을 정도입니다. 그런데 평생이 BLSH를 부정하고, 오히려 가격이 비싼 종목만을 매수하라고 주장한 인물이 있습니다. 바로 윌리엄 오닐입니다.

윌리엄 오닐은 1962년에서 1963년까지 1년 만에 5,000불을 20만 불로 불리고 YTD를 3,900% 올리면서 혜성처럼 나타난 주식 중개인으로, 그 성공을 바탕으로 최연소의 나이로 뉴욕거래소에 자리를 얻었습니다. 또한 업계최초로 컴퓨터를 이용해 방대한 데이터를 분석하여 성장주 매매를 했으며, 기관 투자자와 개인 투자자들의 선생님이자 매년 전미투자대회 우승자들을 배출해 낸 위대한 스승이기도 합니다. 오닐은 기술적 분석_{Cup with Handle}과 펀더멘털 분석_{CANSLIM} 면에서 균형이 잘 잡힌 완성형 투자자로 유명합니다.

투자하는 사람이라면 모를 리 없는 오닐이지만 대중에게 잘 알려지지 않은 이야깃거리가 하나 있습니다.

근거 위주의 철저한 투자 Evidence-Based Investment

젊은 주식 중개인 오닐은 어떻게 하면 주식 투자로 돈을 벌 수 있을지를 고민했습니다. 그리고 그 당시 가장 수익률이 뛰어났던 펀드 드레퓌스Dreyfus의 방식을 연구합니다. 그는 드레퓌스 펀드의 매매법을 연구하면서 드레퓌스가 차티스트처럼 매매한다는 사실을 깨닫게 됩니다.

당대 최고의 퍼포먼스를 보이던 펀드가 기술적 분석을 베이스로 한다는 사실 말고도 그를 놀라게 한 것이 또 있습니다. 바로 드레퓌스가 신고가를 갱신하는 종목만을 매수한다는 사실이었습니다.

이 두 가지 발견은 오닐의 매매 방식에 지대한 영향을 미치게 됩니다. 그동안 주식시장에서 돈을 벌 수 있다고 알고 있던 모든 방식—싸게 사서 비쌀 때 파는 Buy Low Sell High, 기업의 가치에 비해 가격이 저평가되어 있는 주식, 기업의 펀더멘털 분석이 가장 우선시되어야 한다는 철학—을 드레퓌스가 완전히 반대로 한다는 사실에 충격을 받은 오닐은 기술적 매매를 하는 인물들을 찾아 공부합니다. 그 역시 니콜라스 다바스의 책을 읽었으며, 이를 바탕으로 방대한 퀀트 연구를 시작합니다. 또한 월스트리트 역사에 한 획을 그은 위너들 매매법의 급등 전 특징들을 컴퓨터를 이용하여 최초로 정리합니다. 그렇게 탄생한 것이 그의 시그니처 매매법인 CANSLIM입니다.

그는 연구를 통해 한 가지 놀라운 사실을 발견하게 됩니다. 기존의 상식과 달리 급등하는 성장주들과 PER은 관계가 없다는 것입니다. 그는 펀더멘털 분석 데이터와 함께 지속적으로 반복되는 차트 패턴도 방대한 백테스팅을 통해 정의합니다. 그중 하나가 오닐을 전미의 스타로 만든 '손잡이가 달린 컵'입니다. 앞서 PER과 주가 상승 간에는 유의미한 연관성을 찾을 수 없다고 말했는데요. 최근에 밝혀진 연구 자료에 따르면 2010년부터는 지수 대비 실망스러운 결과가 나타난 것으로 알려져 있습니다.

● 그림 2-7 저PER 주의 S&P 500 대비 성과

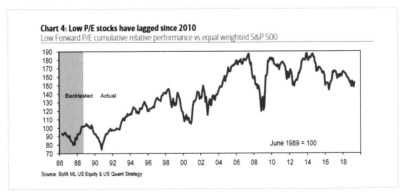

이런 오닐에게 대적하는 사람이 있었다고 한다면 믿겠습니까? 바로 『차트 패턴 백과사전』Encyclopedia of Chart Patterns (우리나라에는 핵심 요약본인 『차트 패턴』이 소개되어 있습니다)의 저자 토마스 불코우스키Thomas Bulkowski로 다음 꼭지에서는 그와 오닐의 매매법을 비교해 보겠습니다.

또 다른 기술적 분석계의 퀀트, 토마스 불코우스키

오닐과 가까운 듯 가깝지 않았던 불코우스키

오닐과 같은 기술적 분석계의 퀀트 덕후가 한 명 더 있습니다. 그 역시 방대한 리서치를 바탕으로 기술적 분석이라는 Art(기술)의 영역을 수치로 정량화시킨 인물이죠. 토마스 불코우스키입니다. 1년에 20,000%의 수익을 올려 기네스북에 등재된 댄 쟁거는 항상 추천서 목록에 불코우스키의 『차트 패턴 백과사전』을 올립니다. 사실 오닐의 제자들은 대부분 불코우스키의 책을 추천하지 않습니다. IBD(오닐이 설립한 투자교육기관)의 추천 도서 목록에도 올라와 있지 않고요. 그럼에도 불구하고 댄 쟁거가 추천한 데는 다양한 차트 패턴을 일목요연하게 정리하고, 백테스팅을 통해 퍼포먼스와 패턴의 정의를 내린 업적 때문일 것입니다.

비슷한 성향의 두 덕후인 오닐과 불코우스키는 서로의 연구를 치하하며 교류를 했을 법도 한데 안타깝게도 그런 흔적은 없습니다. (두 사람의 이름을 연관 검색어로 구글링해도 나오지 않고, 오닐의 인터뷰를 수없이 듣고 본 저 역시 오닐이 불코우스키를 언급하는 것을 들은 적은 없습니다.) 오히려 (적어도 둘 중 하나는) 적대 관계에 있지 않을까 예상해 볼 수 있습니다. 윌리엄 오닐의 대표작 중 하나인 『최고의 주식 최적의 타이밍』이 나오자 오닐의 '손잡이가 달린 컵'에 열광한 사람들 —'기술적 분석=손잡이가 달린 컵'이라고 정의될 만큼—과 달리, 불코우스키는 대중의 '손잡이가 달린 컵'에 대한 열망에 대해서 이렇게 말합니다. "오닐의 책이 날개 돋친 듯이 팔리면서 사람들은 '손잡이가 달린 컵'만 이야기하고 다녀. 그런데 나의 연구 결과 '손잡이가 달린 컵'은 거품이야. 나는 '손잡이가 달린 컵' 패턴을 선호하지 않아." 실제로 그가 추천한 패턴들 중 '손잡이가 달린 컵'은 목록에 없거나 특별히 조명되지 않습니다. 불코우스키가 가장 선호한 패턴은 '높고 촘촘한 깃발형High and Tight Flags'이었죠.

차트 패턴 매매에 있어서 가장 중요한 요소

안타깝게도 불코우스키의 연구에는 한 가지 약점이 있습니다. 그것은 차트 패턴 매매에 있어서 가장 중요한 요소인 '벤치마크 지수', 즉 'S&P 500이나 KOSPI 대비 상대 강도Relative Strength'입니다. 댄 쟁거가 언급한 것처럼 '패턴의 모양이 얼마나 손잡이가 달린 컵에 가까운가?'가 아니라 '이 패턴이 발생하기 전에 얼마나 강력한 기존의 상승 추세가 있었느냐?'가 기술적 분석에 있어서 가장 중요한 고려 요소가 되어야 하는 것이죠.

저의 주장을 강화하기 위해서 한 가지 더 증거를 대면, 불코우스키가 가장 선호한 돌파성공률이 높고 리턴도 큰, 높게 솟은 깃발형의 전제 조건은 '8주 내에 90% 이상 급등한 종목'으로, 이는 오닐의 견해와도 일치합니다. 8주 내에 90% 이상 급등한 종목이라면 RS 랭킹Relative Strength Ranking*이 1%에 드는

---

* S&P 500과 같은 주요 지수와 비교해서 얼마나 더 많이 상승했는지 또는 얼마나 덜 하락했는지를 나타내는 상대 강도 순위

강력한 종목일 테고—즉 동일한 기간 내의 지수 대비 해당 종목의 상승률이 시장 전체 종목 중 상위 1% 안에 드는—, 이런 종목의 성공률과 리턴은 다른 차트 패턴들에 비해 월등히 높을 수밖에 없죠. 만약 불코우스키가 그의 연구에서 최근에 강한 상승세를 보인 종목 중 '손잡이가 달린 컵' 패턴을 보이는 종목을 분석했더라면 '손잡이가 달린 컵' 패턴의 성공률과 관련하여 완전히 다른 결과가 나왔을 것입니다.

⚠ 체크 포인트

지수 대비 상대 강도가 강한 종목만을 분석하라. (불코우스키와 같은 실수를 저지르지 마라.)

다바스와 오닐의 매매 방식 비교

다바스의 매매 기록

다바스가 어떻게 매매했는지 예시를 보여 주지도 않고 넘어가면 독자분들

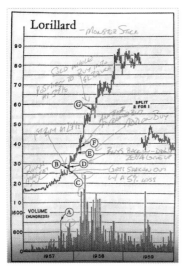

● 그림 2-8 다바스의 매매 기록을 존 보익의 필사로 분석한 차트

이 섭섭해 하실 것 같아 다바스의 매매법도 살짝 살펴보겠습니다. 첨부한 차트는 1950년대의 테슬라, 로릴라드 Lorillard 입니다. 2년 만에 500%에 가까운 상승률을 기록한, 제대로 된 조정 한 번 없이 쉬지 않고 오르기만 했던 폭주 기관차였죠.

1957년에는 시장의 하락세가 강력했습니다. 이런 시장의 하락세에도 불구하고 로릴라드는 거침없는 상승을 지속하고 있었죠. 하락장에도 굴하지

않고 상승을 거듭하자 다바스는 이 주식을 주목합니다.

(A) 강력한 거래량 발견: 다바스는 A에서 전례 없던 강력한 거래량을 동반한 상승을 발견합니다. 이 주식을 매수해야겠다는 확신을 더해 준 건 강력한 거래량이죠.

(B) 매수: 다바스는 박스를 형성한 주가가 박스 상단을 통과할 때 매수합니다.

(C) 손절: 다바스의 예상과 달리 박스권을 돌파한 주가는 다시 흘러내립니다. 그의 손절 라인 -5%를 터치하자 그는 모두 매도합니다.

(D) 재매수: 손절 라인을 터치하고 주가는 상승을 재개합니다. 다바스는 지난번 조정이 흔들기였다는 것을 깨닫고 다시 매수합니다. 재매수 이후 주가는 그의 손절 라인을 건드리지 않고 계속해서 오릅니다.

(E), (F) 피라미딩(불 타기): 다바스는 박스를 형성할 때마다 추가 매수를 진행했습니다. 더 비싼 가격을 주고 매수를 더하는 것을 피라미딩이라고 합니다.

(G) 매도

오닐의 매매 기록

다바스의 투박한 주간 차트를 같은 시기 오닐의 깔끔한 주간 차트로 살펴보겠습니다.

주간 차트 밑에 지그재그로 그어진 선은 상대 강도로, 시장 대비 주가가 얼마나 강한 추세를 보이는지를 알 수 있게 해 주는데요. 강세가 어마어마하

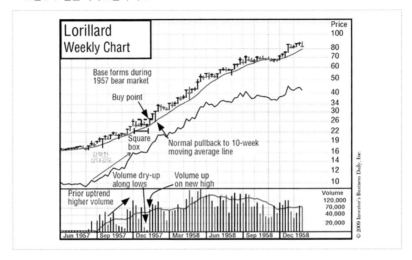

죠? 이를 통해 이 주식은 전체 지수가 하락할 때도 하락 정도가 덜하거나 오히려 상승한다는 걸 알 수 있습니다. 시장이 조정기임에도 헤지펀드 매니저들이 공격적으로 매수할 때 다음과 같이 상대 강도가 급상승하곤 합니다.

앞서 다바스 차트와 비교해서 보면 둘의 매수 지점이 같다는 걸 알 수 있습니다.

1. 매우 강력한 상승 추세: 오닐의 차트에서 제공하는 상대 강도 선을 통해 알 수 있듯이 이 로릴라드 주식은 급락장에서도 20주 동안 시장보다 뛰어난 상승률을 보였습니다. 시장이 급락하면 낙폭 과대주를 찾는 대부분의 투자자와 달리 오닐은 시장의 하락에도 불구하고 시장 대비 강력한 상승세를 보여 주는 비싼 주식을 샀습니다.

2. 강력한 거래량: [그림 2-8]의 A라고 표시된 부분이 다바스가 로릴라드라는 주식을 주목한 계기입니다. 평소 1만 주 정도의 거래량밖에 없었던 주식이 어느 날 갑자기 12만 6,700주나 되는 거래량으로 껑충 뛰어올랐

습니다. 이건 이 종목이 상승할 것이라고 믿고 있는 헤지펀드, 뮤추얼펀드, 연금 펀드의 숨길 수 없는 흔적입니다.

3. 인내: 로릴라드가 벤치마크 지수(S&P 500) 대비 강력한 상승세, 평소 대비 126%의 강력한 거래량을 보인 후에 지속해서 가격이 상승하는데도 다바스는 급하게 추격 매수를 하지 않았습니다. 다바스는 상승하는 주식이 잠시 쉬어 가는 베이스를 만들고 박스권을 형성할 때까지 꾹 참고 매수할 시기가 오기만을 기다렸습니다.

4. 변동성 감소 패턴Volatility Contraction Patterns: 다바스의 박스패턴 매매도, 오닐의 정사각형 패턴 매매Square Box도 어렵다는 분들이 있을 겁니다. 미리 말씀드리면 염려하지 않아도 됩니다. 이제 마크 미너비니의 VCPVolatility Contraction Pattern(패턴의 위아래로 움직이는 범위가 서서히 줄어드는 것)를 배우게 될 테니까요. VCP는 차트 패턴 연구로 평생을 바친 토마스 불코우스키 선생님조차도 미처 깨닫지 못했던, 손잡이가 달린 컵의 비밀을 알려 줍니다.

● 그림 2-10 로릴라드의 매수 시기를 알 수 있는 일간 차트. 변동성 감소 패턴을 이용해서 매수하는 방법

Chapter

3

리스크 관리와
차트 설정

돌파매매 vs.
추격 매수

주가가 짧은 기간 안에 급등하면 차익 실현 물량이 쏟아져 나오면서 주가의 변동성이 많아집니다. 즉 일정 수준 이상의 거래량과 장대 양봉만 보고 추격 매수를 할 경우 투자자는 하루에도 몇 번이나 위아래로 흔들리는 변동성 구간을 견뎌야 합니다.

돌파매매는 추격 매수나 터틀 트레이딩의 신고가 매수법처럼 신고가를 기록하는 순간 매수하는 것이 아닙니다. 신고가를 기록한 종목이 탄탄한 베이스를 형성하고 피봇 포인트를 완성한 후에 피봇 포인트를 돌파하면 매수하는 방식입니다.

시장은 개인 투자자들이 환희에 차 있건 공포에 질려 있건 신경 쓰지 않습니다. 주식 투자를 하면서 한 번쯤 이런 격언들을 들어 봤을 겁니다. '흔들리는 것은 주가일 뿐 내가 산 기업의 가치가 아니다', '주가 하락으로 인한 공포를 이겨 내라. HTS를 지우고 차트를 쳐다보지 마라', '주식 투자는 마인드 컨

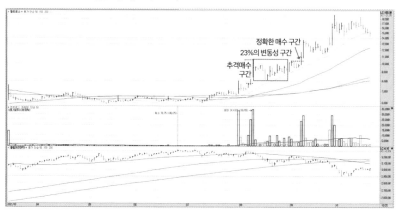

트롤이 제일 중요하다'. 마크 미너비니는 이런 말을 하기도 했습니다. "희망은 전략이 아니다." 소위 전문가라는 사람들은 전략을 제시하는 대신 마음 수양과 정신 승리를 강조합니다. 하지만 주식 전문가는 마음 수양이 아니라 다가올 위기를 어떻게 회피해야 하는지, 수익 증대의 기회를 어떻게 극대화시키는지에 대해서 이야기해야 한다고 저는 생각합니다. 그렇게 마음의 평화를 찾고 싶다면 명상 센터를 방문하는 걸 추천합니다.

이제 돌파매매하는 방법을 차트를 통해 알아보겠습니다.

[그림 3-1]은 켐트로스의 차트입니다. 만약 '추격 매수' 구간에 해당 주식을 매수했다면 무려 23%의 변동성을 감내해야 했을 겁니다. 대부분의 투자자는 위아래로 23% 출렁거리는 이 구간을 견뎌 내지 못합니다. 물론 "변동성이 있든 없든 끝까지 참고 기다리면 결국에는 오르지 않느냐"는 분도 있습니다. 하지만 [그림 3-2]의 차트를 보면 '결국'이 7년이 될 수도 있습니다. 그것도 워런 버핏이 장기적으로는 우상향할 것이라 장담했던 S&P 500 기준입니다. 어떤 종목은 10년이 지나도 반등하지 못합니다. 우리가 매수해야 할 지점은 어디일까요? '정확한 매수 시점'이라고 표시한 곳입니다. 만약 이 지점에

서 샀다면 단 한 번도 본전이 위협당하지 않았을 겁니다. 오히려 편안한 상태에서 '얼마나 더 오를까' 하며 기다릴 수 있습니다.

투자자가 평정심을 유지하는 방법은 '괜찮아, 다 잘 될 거야!' 하며 되뇌는 정신 승리, 자신과의 싸움이 아니라 정확한 타이밍에 돌파매매를 하는 것입니다. 만약 2000년대에 매수하고 수면제를 먹고 10년간 잠들었다면 그리고 깨어나서 계좌를 보았다면 아직 마이너스 구간이라는 사실에 좌절했을지 모릅니다.

손절의
세 가지 특징

    잭 슈웨거는 마크 미너비니와 '시장의 마법사'와 관련하여 인터뷰를 진행하던 도중에 갑자기 녹음기를 끄고 마크에게 이렇게 물었습니다. "마크, 손절이 중요하다는 것은 저도 잘 알고 있습니다. 그리고 제가 인터뷰한 다른 대가들도 손절에 대해서 충분히 많이 이야기를 했어요. 그러니까 저는 당신과의 인터뷰에서 손절 말고 다른 내용을 다루고 싶습니다." 이에 마크는 이렇게 답했습니다. "잭, 미안하지만, 대가들이 반복해서 손절 이야기를 하는 데는 이유가 있습니다. 그만큼 손절은 중요하니까요!"

    다음 장부터는 본격적으로 매매법에 대해 다룰 예정입니다. 즉 본격적으로 매매법을 다루기 전 마지막 파트입니다. 이번 파트에서 손절을 다루는 이유는 그만큼 중요하기 때문입니다. 연재할 양과 시간이 충분하다면 책 한 권을 '손절의 당위성'에 관해서 쓰고 싶지만 그렇게 하지는 않겠습니다.

    왜 우리는 손절을 해야 할까요? 크게 세 가지로 이야기할 수 있습니다.

손절은 선택이 아니라 필수다

손절을 해도 그만, 안 해도 그만이라고 생각하는 투자자가 많습니다. 손절을 안 해도 주식 투자로 부자가 된 사람들을 보았기 때문일 것입니다. 분산으로 리스크를 관리하는 분도 있을 겁니다. 이외에도 다른 여러 헤징 방법이 있습니다. 하지만 단언컨대 손절만큼 완벽하게 방어해 주지는 못합니다.

지금으로부터 21년 전 IT 버블이 꺼진 후 고점에서 물린 투자자들의 원금이 회복되는 데는 자그마치 7년이 걸렸습니다. 심지어 원금이 회복되는 2007년부터 2009년까지 2년간 시장은 수직으로 낙하했습니다. 과연 이런 무시무시한 10년 하락장에서 분산이 투자자의 자금을 보호해 줄 수 있을까요?

윌리엄 오닐이 창간한 《인베스터스 비즈니스 데일리Investors Business Daily》의 보고서를 보면 IBD 구독자의 60%는 하락장이 시작되기 전에 빠져나와서 소중한 자산을 지켰다고 합니다. 그렇다면 나머지 40%는 왜 하락장을 빠져나오지 않았을까요? 오닐이 귀에 못이 박히도록 '손절'을 하라고 했을 텐데요. 답은 알 수 없지만 어쩌면 '이제 금융 시스템은 과거와 달리 발전을 했기 때문에 2000년 IT 버블과 같은 급락장은 다시 오지 않아!'라고 생각했는지도 모릅니다. 하지만 시장은 변하지 않고, 주기별로 대폭락Big Crash은 발생합니다. 2021년 중반에도 투자자들은 같은 말을 했습니다. 그리고 몇 달 후에 지독한 불황장이 펼쳐졌습니다.

시장이 상승장이면 손절하지 않아도 될까?

투자자들이 늘 하는 말이 있습니다. "주식은 갖고 있으면 언젠가는 오르게 되어 있어!" 그러나 백테스팅만 몇 번 해 봐도 그렇지 않다는 것을 쉽게 알 수 있습니다.

손절은 안전벨트를 매는 행위와 같습니다. 우리는 왜 안전벨트를 맬까요? 상당히 높은 확률로 자동차 사고가 나지 않는데도 말입니다. 사고가 나지 않으면 실손 보험도 필요 없고, 평생 고액의 병원 치료비를 내지 않아도 됩니다. 하지만 대부분은 보험에 가입되어 있죠. 안전벨트를 매는 건 당연하게 여겨지고요. 무사고가 그만큼 귀한 이유는 내가 실수하지 않아도 상대방이 실

● 그림 3-3 한국전력 주간 차트(2014~2022년)

● 그림 3-4 한국토지신탁 주간 차트(2014~2022년)

1년간 ~43%

수하면 사고가 나기 때문입니다. 주식도 그렇습니다. 혹시 모를 위험을 방지하기 위해 손절을 해야 합니다. 저평가 가치주의 대명사인 한국전력, 한국토지신탁, LG생활건강의 차트를 보면 '언젠가는 오른다'는 생각을 더는 가질 수 없을 겁니다.

손절은 방어용이 아니라 공격용이다

우리는 한 번도 안 써 본 사람은 있어도 한 번만 쓴 사람은 없다는, '수많은 투자자가 인생 전략이라고 부르기를 주저하지 않는' 궁극의 전략인 '점진적 베팅*Progressive Exposure'을 배울 예정입니다. 점진적 베팅은 손절을 쓰지 않는 투자자들은 활용할 수가 없습니다. 예를 들어 보겠습니다.

(A) 지난 몇 번의 매매를 통해서 100만 원의 수익이 생긴다.

---

* '점진적 노출'이라고 번역하는 게 맞을 겁니다. 하지만 원문 그대로 번역하면 '점진적으로 포지션을 늘려가는'이라는 뜻이 퇴색되는 것 같아서 '점진적 베팅'이라고 의역을 했습니다.

(B) 100만 원으로 다음번 매매에서 더 큰 베팅을 하려 한다.

(C) 더 큰 베팅을 하고 싶은데 크게 베팅하다가 손실이 날 것 같아서 무섭다.

이때 우리는 손절을 활용할 수 있습니다. 100만 원 나누기 손절 %, 즉 손절이 -3%라면 100만 원/3%=33,333,333원을 제로 리스크로 베팅하는 것입니다.

> 💬 **저자의 말**
>
> 저는 트레이더들이 실력에 비해 시장에서 큰돈을 벌지 못하는 모습을 여러 번 목격했습니다. 그들은 좋은 종목을 보는 선구안도 뛰어났고 매수와 매도 타이밍도 잘 알았지만, 비중을 어떻게 실어야 하는지를 몰랐습니다. 그러다 보니 매일 똑같은 금액, 자신의 마음에 안정감을 주는 소액만을 베팅했습니다. 손절과 점진적 노출 베팅을 동시에 진행하면 큰 금액을 손실의 위험 없이 베팅할 수 있습니다. 주식시장에서는 티끌을 모아 봤자 티끌입니다.

돌파매매를 위한
기초 차트 패턴

바 차트

● 그림 3-6 양봉, 음봉, 보합

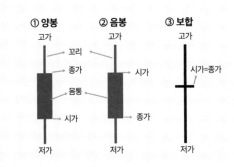

우리나라에서 제공하는 대부분의 차트는 캔들로 설정되어 있습니다. [그림 3-6]을 보면 익숙할 겁니다. 하지만 우리는 앞으로 [그림 3-7]의 바 차트를 사용할 겁니다.

● 그림 3-7 바 차트

캔들 차트는 윗꼬리, 밑꼬리, 종가, 몸통, 시가, 단두대, 망치, 역망치 등 많은 정보를 캐낼 수 있다는 장점이 있습니다. 하지만 기술적 분석에서 단 하나의 캔들이나 '바'로부터 얻을 수 있는 정보란 극히 제한적입니다. 왜냐하면 기술적 분석_{차트 분석}은 단 하루, 일주일이 아니라 평균 7주 정도의 기간 동안 형성된 차트의 모양을 분석하여 정보를 얻기 때문입니다. 따라서 저는 과감하게 바 차트로 바꾸는 걸 추천드리며, 적어도 이 책을 읽는 기간만이라도 바 차트를 써 보길 권합니다.

바 차트는 두 가지로 나뉩니다. '시고저종'과 '고저종'입니다. 이 중 더 심플한 것이 '고저종'이라 고저종으로 설명드리고자 합니다. 이때 반드시 로그_{LOG} 적용을 해 주셔야 합니다.

차트 세팅

키움 영웅문으로 차트를 설정해 보겠습니다.

● 그림 3-8 종합차트를 클릭한 후 전(환)을 추(가)로 바꿈

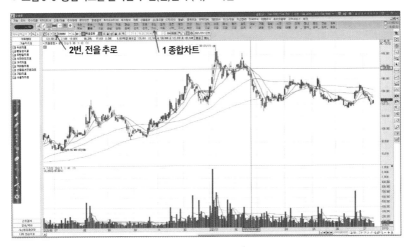

● 그림 3-9 주(식)을 업(종)으로 변환

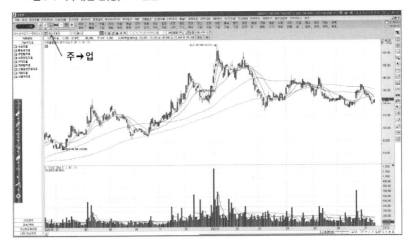

● 그림 3-10 돋보기를 클릭하고 업종으로 KOSPI를 선택

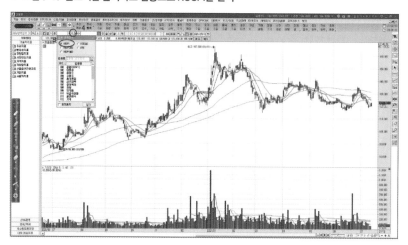

● 그림 3-11 이동평균선 숫자를 우클릭한 후 '기술적 지표 설정' 선택

● 그림 3-12 지표 조건 설정에서 취향에 맞게 이동평균선 설정. 저는 50, 150, 200일선으로
세팅했습니다.

● 그림 3-13 거래량 우클릭 후 거래량 지표 조건 설정에서 기간 1을 50으로 입력

● 그림 3-14 박스 안 체크 표지 해제, 거래량 클릭, 비교 기준 가격 차트 선택

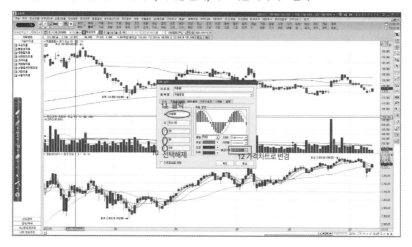

● 그림 3-15 차트 봉 선택 후 LOG 선택

이 모든 걸 적용하면 다음과 같은 형태가 됩니다. [그림 3-16]은 일간 차트
이고, [그림 3-17]처럼 주간 차트도 설정할 수 있습니다.

● 그림 3-16 최종 일간 차트

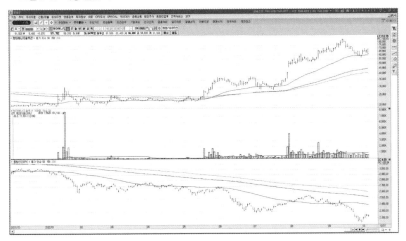

● 그림 3-17 최종 주간 차트

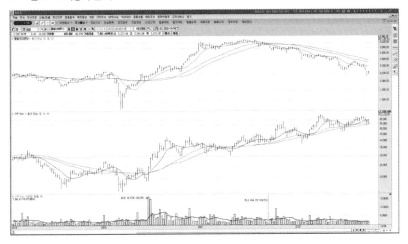

차트에 KOSPI 지수를 포함시키는 이유는 기술적 분석에 있어서 지수 대
비 상대 강도는 매우 중요한 요소이기 때문입니다. LOG로 설정하는 이유는
차트의 왜곡 현상을 막기 위해서입니다.

Chapter

4

패턴을 이용한 매수법

기술적 분석의 토대,
베이스

'손잡이가 달린 컵'을 통해 베이스 찾기

● 그림 4-1 기초 베이스

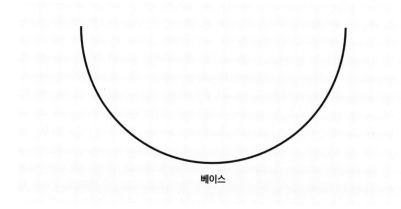

베이스

베이스란 특정 기간 동안 가격이 횡보하면서 다진 바닥 형태의 패턴을 말합니다. 일부 책에는 베이스를 '모양'이라고 번역해 놓았는데, 적합하지 않다고 생각합니다. 베이스란 말 그대로 기술적 분석의 토대, 기초 단위입니다. 그

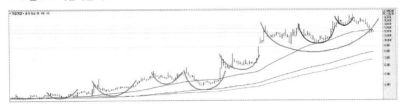

럼 이제 차트에서 베이스를 찾아볼까요?

이렇듯 베이스를 다양하게 그릴 수 있습니다. 대표적인 베이스를 이용한 패턴 매매 방식이 '손잡이가 달린 컵'입니다. 이미 많은 투자자에게 기술적 분석의 대명사처럼 쓰여지고 있는데요. 이 패턴이 대중에게 알려지기 시작한 것은 윌리엄 오닐이 1988년에 출간한 베스트셀러 『최고의 주식 최적의 타이밍』 이후입니다. 패턴의 모양이 찻잔 같다고 해서 붙여진 이름입니다. 조금 더 자세히 살펴볼까요?

[그림 4-3]에서 컵 부분이 바로 베이스입니다. 전 고점보다 살짝 낮은 위치에 손잡이가 형성되어 있죠? 이 손잡이 위로 주가가 돌파할 때 매수하는 방식입니다. 그렇다면 [그림 4-2]에서 손잡이가 달린 컵은 몇 개나 될까요? 대

● 그림 4-3 손잡이가 달린 컵 패턴

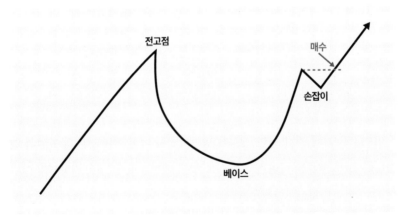

74

충 세어 봐도 8개가 넘습니다. 그럼 8번이나 가격이 돌파할 때마다 매수해야 하는 걸까요? 당연히 그럴 리는 없겠죠? 수많은 손잡이가 달린 컵 중에서 정확한 타깃을 선정하는 것이 중요합니다. 마크 미너비니는 손잡이가 달린 컵을 '꿈의 패턴'이라고 했는데요. 그 이유는 포착하기가 매우 쉽고 자주 반복되기 때문입니다.

기술적 분석을 사용하지 않는 투자자들도 손잡이가 달린 컵 패턴을 한 번쯤은 들어 봤을 겁니다. 문제는 대부분의 투자자가 손잡이가 달린 컵에 대해서 잘못 이해하고 있다는 것입니다. 기술적 분석을 시작하기 전에 명심해야 할 것은 '패턴의 모양이 얼마나 완벽한 손잡이가 달린 컵에 가까운가'보다 '수요와 공급의 역학에 따라 베이스가 어떻게 형성되느냐'에 집중해야 한다는 것입니다. 에베레스트산을 등정한다고 가정해 봅시다. 에베레스트산을 등정하는데 쉬지 않고 한 번에 오르는 사람은 없습니다. 그래서 충분한 휴식을 취하며 다시 오를 힘을 축적하기 위해 등정 중간 중간에 캠프를 만드는 겁니다. 주식의 가격이 오르는 원리도 같습니다. 아무리 좋은 종목도 1,000%, 2,000% 일직선으로 오를 수는 없습니다.

이를 수요와 공급 관점에서 바라보면 다음과 같습니다. 1. 강력한 황소(매수자)들이 주가를 끌어올리면, 2. 차익 실현을 노리는 개인 투자자들과 3. 이만큼 올랐으니 거품이라고 생각하는 곰(매도자)들로 인해 4. 주식의 공급량이 시장에서 늘어납니

● 그림 4-4 베이스캠프의 필요성

다. 5. 이에 주가는 조정을 받습니다. 6. 이후 꽤 오랜 기간이 흘러 엉덩이가 가벼운 개인 투자자들과 비관론자인 곰들의 매물 출회가 점차 잠잠해질 때쯤 황소들이 다시금 강력하게 주가를 상승시킵니다. 7. 이때 비관론자인 곰들의 숏 커버Short Cover(공매도 친 물량을 회수하는 것)로 인해 주가는 더욱더 폭발적으로 상승합니다. 8. 너무 일찍 팔았다고 생각한 개인 투자자들이 헐레벌떡 재매수하는 시점이기도 합니다. 9. 결과적으로 고점이라고 생각했던 주가는 전문가들과 비관론자들의 예측을 비웃으며 더욱 솟구칩니다.

스탠 와인스타인의 단계 분석

그렇다면 어떤 베이스를 타깃으로 삼아 매매를 해야 할까요? HMM의 주간 차트를 살펴보겠습니다.

파란색으로 표기된 작은 베이스는 20개, 빨간색으로 표기된 큰 베이스는 3개입니다. 이 많은 베이스들이 손잡이가 달린 컵을 만들 때마다 매수 주문을 걸어야 할까요? 당연히 아닙니다. 우리는 선택과 집중을 해야 합니다.

● 그림 4-5 HMM 주간 차트(2017~2021)

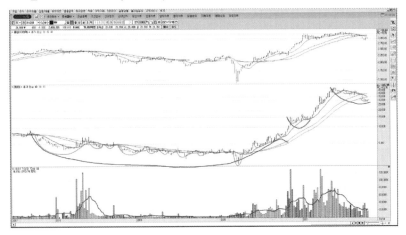

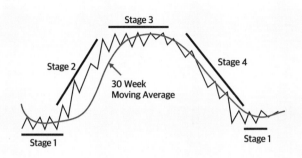

선택과 집중은 스탠 와인스타인Stan Weinstein의 단계 분석Stage Analysis을 통해 할 수 있습니다. 주식 사이클은 [그림 4-6]과 같이 4단계로 나눠집니다.

우리가 매수할 지점은 2단계에 위치한 베이스입니다. 이렇게 말하면 "아니? 왜 더 저렴한 가격에 살 수 있는 1단계를 건너뛰고 이미 가격이 많이 상승한 2단계에서 매수를 해야 하나요?"라고 질문할 수 있습니다. 실제로 1단계는 대중이 가장 매수하고 싶어 하는 구간입니다. 조금이라도 저렴한 가격에 주식을 사고 싶은 BLSH의 유혹이 강한 때이며 동시에 바닥이기 때문에, 물려도 더 이상 크게 하락하지 않을 거라는 착각을 하게 하기 때문입니다. 하지만 현실은 추세가 없기에 근본 없는 일시적인 랠리가 생길 뿐입니다. 이런 랠리는 주가의 등락을 예측하기 어려우며, 직전의 하락으로 인한 매물대가 축적되면서 상승할 때마다 매물이 터져 나와 주가 상승이 더뎌진다는 단점이 있습니다.

단타 투자자들이 선호하는 실제 1단계 박스권 매매의 예를 살펴볼까요? 반짝 올랐다가 다시 급락하기를 반복하는 작전주의 전형인 신성통상입니다.

1단계에 있는 주식의 경우 매수 시점을 파악하기도 어려울 뿐만 아니라 매도 시점도 급작스럽게 나타나는 경우가 많아 큰 수익을 내는 것이 쉽지 않습니다. 그리고 보통 1단계 박스권의 경우 2단계로 전환할 때 나타나는 대규모 자금의 유입 흔적을 발견하기 어렵습니다. [그림 4-7]을 보면, 1단계 박스권인 17년 8월부터 11월까지 가격, 거래량 그 어떤 요소도 눈길을 끌 만한 변화가 나타나지 않습니다. 그래서 이런 종목에 투자할 때에는 뉴스나 재료 검색을 통해 대규모 자금이 반짝 주가를 부양시켜 줄지를 확인해야 합니다.

● 그림 4-8 뉴스를 통한 재료 확인

추세 없는 1단계의 바닥권 급상승주의 매매 방식

(A) 일관된 규칙성을 발견하기 힘들다. 맥락 없이 오르기 때문에 뉴스 재료로 선정한 종목들의 차트를 모니터에 띄워 놓고 언제 시세가 터지는지를 하루 종일 감시해야 한다.

(B) 테슬라, HMM과 같이 지속적으로 오르는 것이 아니라 한 번 올리고 잽싸게 빠진다. 차익 실현 포인트를 찾기가 무척 어렵다.

(C) 헤지, 연금, 보험 펀드와 같은 대형 기관들이 아니라 쩐주와 리딩방을 이용한 단기 시세 급등 후 차익 실현이기 때문에 급등락을 반복한다. 급락 전환 시 손실 우려가 크기 때문에 정신적 스트레스가 심하다.

단계 분석을 이용한 타깃 베이스 선정

우리나라의 기술적 분석가들 그리고 테마주 전문 매매자들은 1단계 박스권 매매의 단점을 극복하기 위해서 (A) 호가창 분석, (B) 외국인 및 개인 수급 분석, (C) 뉴스 분석재료 매매을 합니다. 하지만 전업 투자자이거나 회사의 시스템이 자동으로 돌아가서 전업에 가깝게 하루 종일 모니터를 쳐다볼 수 있는 직업군이 아니라면 호가창과 수급, 시시각각 터지는 뉴스에 반응하며 매매하는 것은 불가능합니다. 그래서 2단계에 있는 주식의 베이스에서만 매매를

● 그림 4-9 스탠 와인스타인의 단계 분석

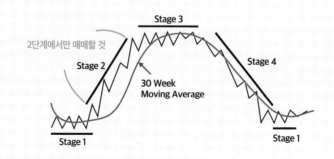

해야 하는 것입니다. 스탠 와인스타인의 단계 분석을 다시 보면서 설명하겠습니다.

> 1단계: 추세가 없는 횡보, 박스권

> 2단계: 강력한 상승 추세가 있는 구간. 반드시 이 구간에서만 매수를 해야 함

> 3단계: 추세가 소강상태로 바뀌고, 수익을 낸 기관 투자자들은 서서히 매도를 시작함

> 4단계: 하락 추세가 시작. 기관 투자자들은 이제 눈치를 보지 않고 대놓고 매도하기 시작함

예시를 통해 올바른 매수 타이밍, 2단계로 전환한 종목의 매수 지점을 살펴보겠습니다.

[그림 4-10]을 보고 나면 2단계를 찾아내는 게 그리 어렵지 않다 생각할 겁니다. 하지만 실전에서는 구분이 쉽지 않습니다. 4, 1, 2단계를 구분하기조

● 그림 4-10 서울가스 주간 차트(2018~2021)

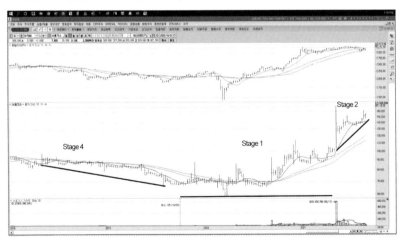

● 그림 4-11 서울가스 주간 차트(2017~2021). 단계 잘못 표시

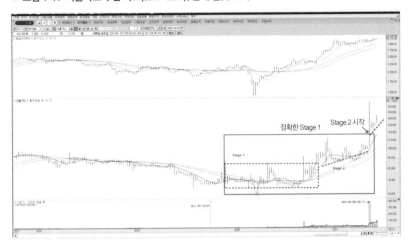

차 애매한 경우가 발생합니다. [그림 4-11]에 파란색으로 표시한 것처럼 단계의 정의를 잘못 내릴 수도 있습니다(정확한 단계 구분은 빨간색).

단계를 잘못 구분하면 추세가 확립되지 않은 시점에서 매수하기 때문에 매수 당일 변동성이 심해서 손절하게 될 수 있습니다. 손절가를 정해 두지 않는다면 매수 후에 지속적으로 하락하는 현상을 보게 될지도 모릅니다.

● 그림 4-12 서울가스 일간 차트(2020.03~2021.02). 2단계인 줄 알았으나 1단계에서 매매한 잘못된 예제. 추세가 확립되지 않았기 때문에 돌파가 실패할 확률이 높고, 돌파한다 해도 상승폭이 미미함

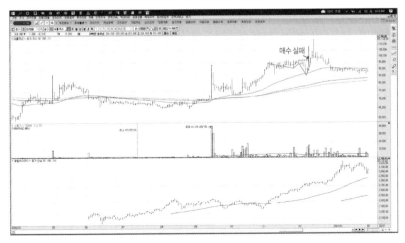

단계 분석을 잘못하는 가장 큰 이유는 수치가 아닌 직관에 의존했기 때문입니다. '눈이 아니라 수치로 검증'하는 것이 기술적 분석의 핵심입니다. 2단계는 다음의 세 가지 특성을 지닙니다.

(A) 매수 후보 종목의 52주 신저가 대비 현재 가격 상승률이 KOSPI보다 높아야 한다.

(B) 매수 후보 종목의 52주 신저가 대비 현재 가격 상승률은 최소 100%여야 한다.

(C) 강력한 거래량 급증이 선행되어야 한다.

그렇다면 파란색으로 잘못 표시한 단계 분석은 이 중 몇 가지나 충족할까요? 단 한 가지입니다. '강력한 거래량'이 선행되었을 뿐, 지수 대비 상대 강도와 52주 신저가 대비 100% 상승이라는 조건은 충족되지 않았습니다. 지수가 66% 상승했음에도 불구하고 오히려 지수에 못 미치는 가격 상승폭을 보였습니다. 그럼 2단계 지점은 어디일까요? 주간 차트로 보면 바로 이곳입니다.

● 그림 4-13 서울가스 주간 차트(2단계 지점)(2018~2021)

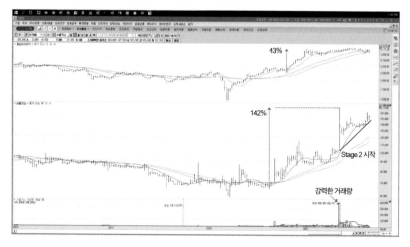

● 그림 4-14 서울가스 주간 차트(2단계 지점)(2019.01~2022.03)

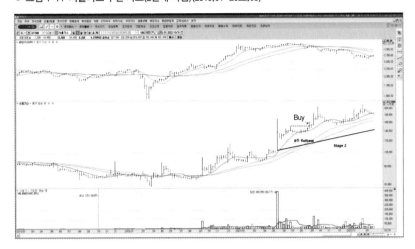

일간 차트에서는 [그림 4-15]와 같이 포착할 수 있습니다.

● 그림 4-15 서울가스 일간 차트(2단계 지점)(2020.12~2021.09)

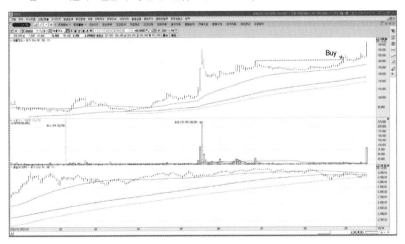

다른 종목에서도 찾아보겠습니다.

● 그림 4-16 동국홀딩스 주간 차트(2017~2021)

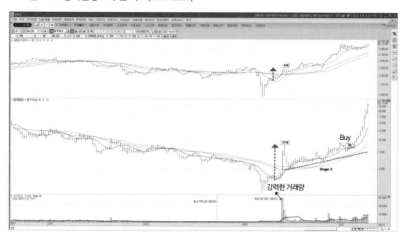

세 가지 조건을 충족하는 게 보이시나요? 일간 차트도 살펴보겠습니다.

● 그림 4-17 동국홀딩스 일간 차트(2020.05~2021.03)

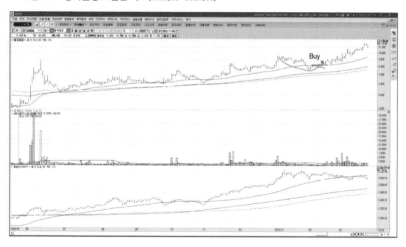

다음은 이수화학입니다. 이 역시 3가지 조건을 모두 만족하는 지점부터 2
단계로 규정합니다.

● 그림 4-18 이수화학 주간 차트(2018~2022)

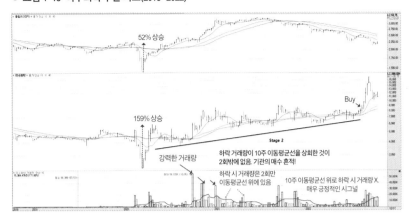

● 그림 4-19 이수화학 일간 차트(2022.02~11)

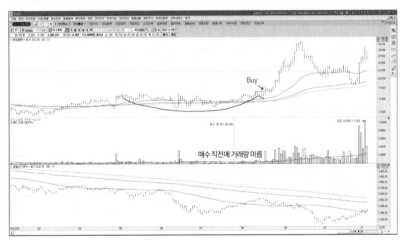

투자자들의 심리, 변동성 감소 패턴

변동성 감소 패턴이 발생하는 이유

변동성 감소 패턴은 베이스의 상하 폭이 시간이 지남에 따라 줄어드는 현상을 말합니다. 즉 변동성 폭이 점점 줄어드는 것이죠. 10% 이내로 변동성이 축소되는 지점에서 우리는 매수해야 합니다.

변동성 감소 패턴은 왜 발생할까요? 이는 사람들의 심리와 관계가 있습

● 그림 4-20 변동성 감소 패턴

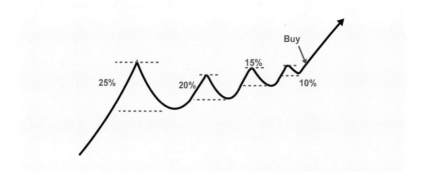

니다.

변동성 감소 패턴의 시작은 주가의 급상승입니다. 급상승하는 주가의 배경에는 강력한 기관 자금의 유입이 있죠. 주가는 어느 순간 상승을 멈추고 조정기에 진입합니다. 매도 물량이 많아진다는 뜻인데요. 저점에서 매수한 투자자들이 기분 좋게 수익 실현을 하는 구간입니다. 그렇게 계속 떨어질 것 같던 주가는 일정 지점에서 반등을 합니다. 이때 기관 자금이 추가로 유입됩니다. 재차 상승한 주가는 또 한 번 조정기에 진입하는데요. 역시 수익 실현의 구간이지만 이전만큼은 매도 물량이 나오지 않습니다. 그럼에도 주가는 떨어지고 또 한 번 지지를 한 후에 반등을 합니다. 이렇게 매수와 매도의 과정 속에서 변동성이 줄어듭니다. [그림 4-20]처럼 말입니다.

차트로 보는 변동성 감소 패턴

차트를 통해 변동성 감소 패턴을 확인해 보겠습니다.

● 그림 4-21 데브시스터즈 일간 차트(2020.06~12)

● 그림 4-22 한솔케미칼 일간 차트(2021.01~11)

● 그림 4-23 다올투자증권 일간 차트(2020.12~10)

● 그림 4-24 메리츠금융지주 일간 차트(2021.01~09)

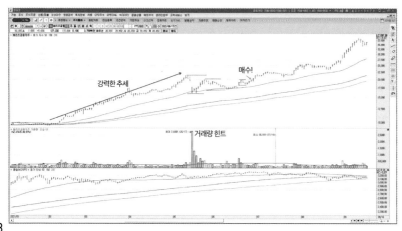

● 그림 4-25 한일네트웍스 일간 차트(2020.08~2021.06)

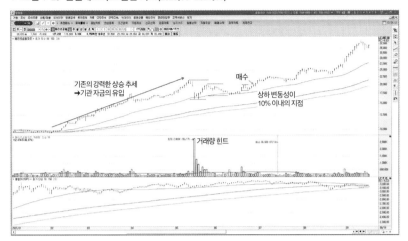

● 그림 4-26 시그네틱스 일간 차트

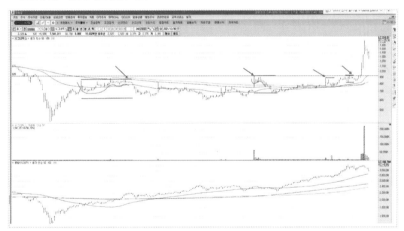

위 그림들의 공통점은 무엇일까요? (A) 하락 또는 횡보를 하던 종목이 갑자기 엄청난 거래량과 함께 상승했습니다. 이는 곧 기관 자금의 유입을 뜻합니다. (B) 급격한 상승 이후에 몇 차례 조정을 거치는데 이때 베이스의 상하폭이 줄어드는 변동성 감소 패턴이 생겼습니다. 우리는 이처럼 몇 주간의 조정을 거칠 때 변동성을 보이는 베이스를 타깃으로 삼아 매매를 해야 합니다.

거래량이 말랐는가?

　매수를 결정할 때 또 하나 봐야 할 게 있습니다. 바로 거래량입니다. 변동성이 감소할 때 거래량도 함께 줄어드는 게 중요합니다.

　예시를 들어 보겠습니다.

　차트들을 보면 가격 변동성이 10% 이내로 감소할 때 거래량도 줄어드는 것을 확인할 수 있습니다. 이 정도까지 거래량이 급감하면서 50일 평균을 완전히 하회할 때 '거래량이 말랐다'는 표현을 쓰곤 합니다. 바로 이때가 매수 시점입니다. 우리는 이 두 가지 요소가 맞아떨어지는 지점에서만 매수를 해야 합니다.

● 그림 4-27 효성첨단소재 일간 차트(2020.12~2021.09)

● 그림 4-28 켐트로스 일간 차트(2020.12~2021.10)

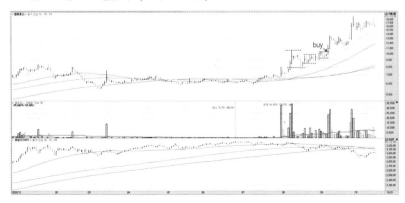

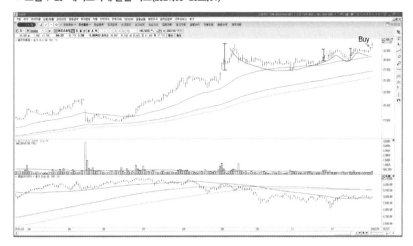

거래량이 급감하면 투자자들은 유동성이 부족하기 때문에 가격이 급락하지는 않을까 하고 전전긍긍합니다. 하지만 그렇지 않습니다. [그림 4-30]으로 설명하겠습니다.

● 그림 4-30 주가는 어떻게 형성되는가?

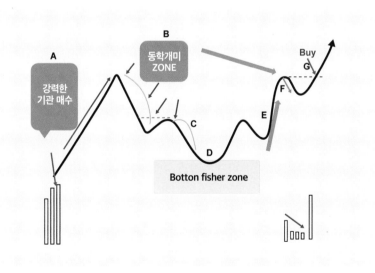

(A) 보통 기관은 기업의 호재를 먼저 파악합니다. 우리와 다른 규모로 운용하는 그들의 자금이 한 종목에 들어가는 순간 주가는 정말 무섭게 오르고 우리는 기관이 들어왔음을 거래량을 통해 인지합니다. 곧 묻지 마신고가 매수를 하는 갬블러들이 매수에 동참합니다. 얼마 지나지 않아 모든 주식 관련 커뮤니티와 방송과 전문가들이 해당 종목을 보며 고평가되었다고 떠들기 시작합니다.

(B) 주식은 조정을 받고 급락하기 시작합니다. 수익 실현을 하는 주체도 있을 것이고, 고평가라는 말에 파는 투자자도 있을 겁니다. 어느 정도 떨어지면 주식 전문가들은 해당 종목에 대한 의견을 'Sell'에서 'Buy'로 바꿉니다. 너무 많이 올라 미처 들어가지 못한 개인들 역시 바겐세일이라 여기고 매수를 시작합니다. 저는 이 지점을 '동학개미 존$_{Zone}$'이라고 부릅니다. 그저 싸기 때문에 사는 스마트 개미 군단들은 주가가 하락할 때마다 물타기를 합니다.

(C) 바닥을 찍고 반등할 줄 알았던 주가는 하락을 멈출 줄 모르고, 열심히 지지선을 고쳐 그으면서 반등을 기다린 개미군단의 염원은 희망고문으로 바뀝니다. 시장도 이 종목에 대한 관심이 식었다는 듯 저조한 거래량을 보입니다.

(D) 주가가 많이 하락하면 보통은 '외관상 보이지 않는 악재가 있는 건 아닌가' 하는 의심을 하기 마련입니다. 그러나 어떤 이들은 자신의 지적 능력을 과대평가하며 바닥을 잡기 위해 뛰어듭니다.

(E) 운 좋게 바닥을 잡은 바닥 사냥꾼들은 주가가 상승하면 차익 실현을 합니다. 더불어 동학개미 존에 물려 있던 투자자들도 본전이 되기 무섭게 팔아치웁니다. 더 오를 수도 있지만 다시 내려갈 수도 있다는 두려움

이 그들을 지배합니다.

(F) 바닥 사냥꾼과 동학개미들의 매도에 주가는 조정을 받습니다. 하지만 거래량은 서서히 줄어드는 형세입니다. 이는 도박꾼과 심약한 개인들의 물량 출회가 마무리되어 가고 있다는 이야기와 같습니다. 이제는 10년을 살 기업이 아니면 단 10분도 보유하지 말라는, 기업과 자신을 동일시하는 현명한 투자자만 남습니다.

(G) 시장은 수요와 공급을 크게 상회하는, 즉 사고자 하는 사람은 많은데 팔 사람은 없는 상태에 이릅니다. 이 상태가 되면 기관이 조금만 물량을 사도 가격이 크게 오릅니다. 기관은 순식간에 주가를 급상승시킵니다. 마치 방아쇠를 당기자마자 폭발적인 추진력으로 달려가는 제로백 차들처럼 뒤도 돌아보지 않고 올라갑니다. 이 지점을 제시 리버모어는 최소저항선, 오닐은 피봇 포인트라고 불렀습니다.

이 과정은 매우 중요합니다. 심약한 트레이더들과 단타 투자자들을 떨구며 엄청난 상승을 보이기 때문입니다. 우리는 가장 효율적이고 정확한 타이밍에 돈을 투입해야 합니다. 이때 투자금이 묶여 있으면 안 됩니다. 기회비용을 날리는 것이기 때문입니다.

! 체크 포인트

(A) 거래량을 동반한 큰 폭의 상승이 확인된 종목에서
(B) 가격의 상하 변동폭이 줄어들 때까지 기다려라.
(C) 거래량도 함께 줄어야 한다(50일 이동평균선 이하로 하회 시까지).

패턴 매매의 핵심, 지수 대비 상대 강도

수익률로 기네스북까지 오른 댄 쟁거 매매법의 핵심

과거와 달리 우리는 정보의 홍수 속에서 살고 있습니다. 무언가를 배우고자 할 때 예전에는 학원을 등록하거나 도서관에 가서 책을 봐야 했지만 이제는 컴퓨터 앞에 앉아 구글이나 유튜브에 검색하는 것만으로도 정보를 손쉽게 습득할 수 있습니다. 다만 모든 정보가 구글이나 유튜브에 있는 것은 아닙니다. 제 경험상 기술적 분석에서 지수 대비 상대 강도Relative Strength against Benchmark indexes를 언급한 걸 본 적이 없습니다. 즉 기술적 분석의 핵심인 지수 대비 상대 강도는 국내 기술적 분석 강좌 목록에서 빠져 있다는 이야기입니다(RS는 과매수, 과매도를 알려 주는 지표인 RSI와는 다르며, HTS에서 제공하지 않습니다).

KOSPI─미국은 S&P 500─대비 상대 강도는 기술적 분석에 있어서 핵심입니다. 댄 쟁거는 다음과 같이 말하기도 했습니다.

"내가 찾는 종목들은 지수보다 조금 더 상승하는 그런 종목이 아니야. 나는 엄청나게 강력한, 슈퍼 파워풀한 종목을 원해. 수많은 예쁜 모양의 차트 패턴이 있지만, 아무런 의미가 없는 경우가 많거든. 나는 2, 3주 내로 50% 이상 급등한 종목들을 선호하는데, 왜냐하면 이렇게 입이 떡 벌어질 정도로 강력한 초반 상승세가 있는 종목이야말로 몇 주씩, 몇 달씩 계속 상승할 여력이 있기 때문이지."

대체로 시장을 주도하는 종목들은 지수 대비 상대 강도가 강한 경우가 많습니다. 이 중 베이스가 잘 형성된 종목을 골라 매매하는 게 수익률로 기네스북에까지 오른 투자자 댄 쟁거 매매의 핵심입니다.

지수 대비 상대 강도는 왜 중요할까?

주가가 떨어져도 지수보다 덜 떨어지면 상대 강도는 올라가고, 주가가 상승해도 지수보다 덜 오르면 상대 강도는 내려갑니다. 패턴의 모양이 얼마나 '손잡이가 달린 컵'에 가까운지, 거래량이 얼마나 터졌는지, 기업의 EPS나 매출이 얼마나 증가했는지도 중요하지만 해당 기업의 상대 강도가 떨어졌다면 아무 의미가 없습니다. 즉 가장 먼저 봐야 할 것이 상대 강도입니다.

차트를 보면 더 쉽게 이해할 수 있을 겁니다.

● 그림 4-31 '손잡이가 달린 컵'의 두 가지 예

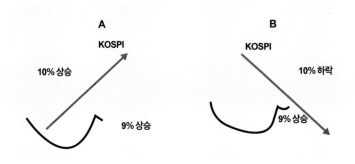

똑같은 손잡이가 달린 컵이지만 하나는 KOSPI 상승률을 간신히 쫓아가서 형성된 패턴이고(A), 다른 하나는 KOSPI가 10%나 하락하는데도 불구하고 강물을 거슬러 오르는 연어처럼 시장의 하락세를 거스르며 형성된 패턴입니다(B). 우리가 노려야 하는 패턴은 B입니다.

기술적 분석을 배우러 오는 분들에게 제가 보여 주는 차트가 있습니다. 상대 강도의 중요성을 아주 잘 보여 주기 때문입니다.

● 그림 4-32 모더나 주간 차트(2017~2021)

제2의 테슬라를 찾고자 그 어려운 재무제표 수업을 들으러 가거나 세미나 강좌를 듣거나 기업을 탐방하지 않아도 됩니다. 안 그래도 하루 종일 회사에서 혹사당하는데 그래서 파김치가 된 상태로 집에서 쉬고 싶은데 그런 마음을 꾸역꾸역 삼키고, 길도 막히고 사람도 많은 강남대로를 지나 세미나를 찾아갈 필요는 없다는 얘기입니다.

[그림 4-32] 속 모더나는 COVID-19로 인해 S&P 500이 약 35% 하락했을 때 오히려 100% 상승하는 모습을 보여 줍니다. 무려 9주 넘게 고꾸라지는 지수와 반대로 상승하는 모습을 확인할 수 있습니다. '백문이 불여일견'이라는 말이 있듯 말로 설명하는 것보다 실전 예제를 하나 보는 것이 낫습니다. 예

제를 하나 더 보겠습니다. 어느덧 국민주로 발돋움한 카카오입니다.

● 그림 4-33 카카오 주간 차트(2016~2020)

COVID-19로 인해 KOSPI 지수가 무려 36.8% 급락했는데도 불구하고 지수보다 변동성이 큰 개별주가 오히려 지수보다 적게 하락했습니다. 물론 32.3%로 적은 하락의 폭은 아닙니다. 하지만 시사하는 바는 적지 않습니다.

● 그림 4-34 카카오 일간 차트(2019.11~2020.08)

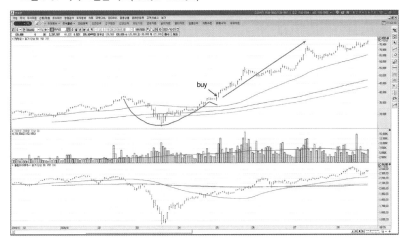

이후 손잡이가 달린 컵을 형성하며 100% 상승했기 때문입니다.

다음 차트는 삼성바이오로직스 주간 차트입니다.

● 그림 4-35 삼성바이오로직스 주간 차트(2017.11~2020.05)

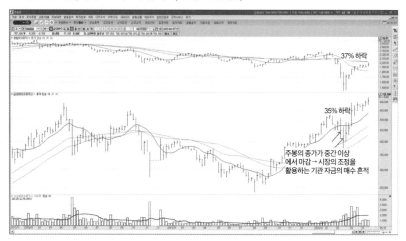

삼성바이오로직스는 지수 대비 하락폭도 적었고, 주간 차트의 종가가 중간 이상에서 형성된 것을 확인할 수 있습니다. 주가가 급락할 때마다 매수하는 기관 투자자들의 매수 흔적인 셈이죠.

● 그림 4-36 삼성바이오로직스 주간 차트(2019.06~2020.04)

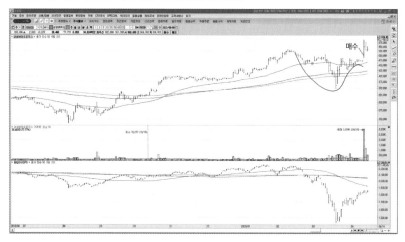

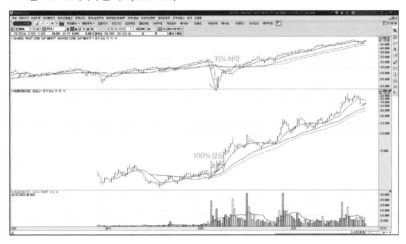

미국 주식은 다를까요? 그렇지 않습니다. 인간의 심리는 학력, 국적과 무관합니다. 앞서 살펴본 모더나가 그 예죠. 차트를 다시 살펴보겠습니다.

이 주식은 언제 매수해야 할까요? 먼저 확인할 것은 상대 강도를 가늠하는 것입니다. 지수 대비 상승하는 모습을 보인다면 일간 차트에서 변동성이 감소하는 지점에서 매수하면 됩니다. 매수 시점의 거래량을 보십시오. 거래량이 적은 게 보일 겁니다.

● 그림 4-38 모더나 일간 차트(2019.07~2020.05)

이번에 예로 들 종목은 동국홀딩스(구. 동국제강)입니다. 동 기간에 KOSPI 지수는 10%, 동국홀딩스는 20% 하락하는 모습을 보였습니다. 즉 동국홀딩스가 지수 대비 2배 더 하락했습니다.

이 모습만 보면 약세라고 판단할 수 있습니다. 하지만 여기서 하나 생각해봐야 합니다. 보통 지수가 1% 떨어질 때 개별 종목들은 2%, 4%, 10%씩 떨어지곤 합니다. 상승할 때도 그렇습니다. 지수 대비 2배, 4배 오르는 경우가 많습니다. 물론 앞서 예로 든 카카오나 HMM처럼 지수와 비슷한 수치로 하락하거나 모더나처럼 지수가 하락하는데도 불구하고 오히려 상승하는 종목도 있습니다만 이는 보기 드문 예입니다.

그렇다면 지수 대비 어느 정도 하락해야 상대 강도가 강한 것이라고 간주할 수 있을까요? 마크 미너비니는 "2.5배까지는 상대 강도가 강한 것이라고 간주하라"고 조언했습니다. 저는 마크 미너비니의 가이드라인을 국내 주식에 대입하여 수많은 백테스팅을 진행했습니다. 결과적으로 그의 가이드라인은 맞았습니다.

다시 차트를 보겠습니다. 지수와 동국홀딩스의 최고점과 최저점을 계산해

● 그림 4-39 **동국홀딩스 주간 차트(2019.02~2021.03)**

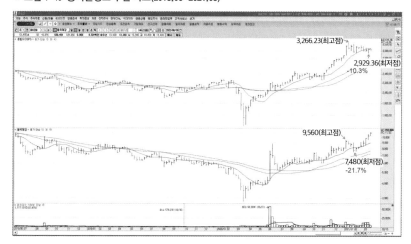

보니 지수는 -10.3%, 동국홀딩스는 -21.7%였습니다. 지수의 2.5%는 25.7이니 마크 미너비니의 가이드라인을 통과했다고 볼 수 있습니다.

여기서 궁금증이 하나 생길 겁니다. 상대 강도를 잴 때마다 매번 퍼센티지 계산기를 이용해야 할까? 그렇지 않습니다. 키움에서 기본적으로 제공하는 직선 추세선을 이용한 근사치만을 계산해도 충분합니다. 지금 이 책에 적시된 대부분의 퍼센티지 역시 키움의 직선 추세선을 이용한 근사치값입니다.

● 그림 4-41 동국홀딩스 주간 차트(2018.06~2021.03)

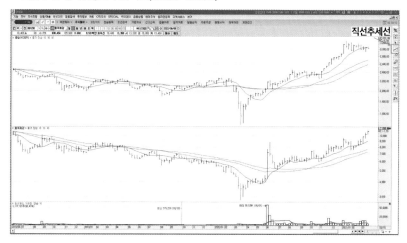

● 그림 4-42 키움의 직선 추세선으로 근사치값 추출해 내기

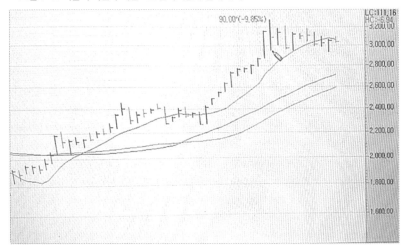

이렇게 그으면 매번 정확히 계산을 하지 않아도 근사치가 바로바로 나옵니다.

추가로 한 종목을 간단히 살펴보시죠. 네오크레마입니다. [그림 4-43]을 보면 단기적인 강력한 상승 추세가 보일 겁니다.

● 그림 4-43 네오크레마 주간 차트(2017~2021)

● 그림 4-44 네오크레마 일간 차트(2020.08~2021.06)

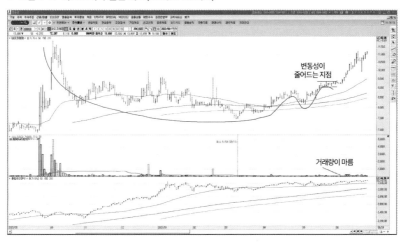

왜 AVIR의 손잡이가 달린 컵은 돌파는커녕 갭 하락을 했는가?

연재 중에 다음과 같은 질문을 받았습니다.

 보통 기술적 분석가들 사이에서는 시가총액이 어느 정도 이상이면 크고 작음은 중요하지 않으며, 테마에서 가장 강도가 강한 대장주를 사라는 격언이 떠돕니다. 실제로 바이오앤택이나 화이자보다 모더나가 훨씬 큰 폭의 상승을 보였죠. 하지만 최근 주목받는 AVIR의 사례를 보면 기술적 분석에 대해 의문이 듭니다. AVIR은 로슈가 거금을 들여 인수합병을 했고, 현재 FDA 승인을 앞둔 머크의 치료제와 작용 기전까지 같은 치료제를 개발 중이었기 때문에 기술적 분석가들뿐만 아니라 펀더멘털 투자자들도 관심을 보였던 종목입니다. 여기에 최근 일간 차트에서 약한 손잡이가 달린 컵을 만들어 데이 트레이더들 사이에서 화제가 되기도 했습니다. 그런데 임상 실패 한 번에 로스컷 기회도 없이 무너지더군요.

주간 차트를 보면 매우 좋은 상승세를 보이고 있다는 걸 알 수 있습니다. 2020년 12월 22일에는 매수하기에 좋은 베이스도 만드는군요.

● 그림 4-45 AVIR 주간 차트(2019.05~2022.02)

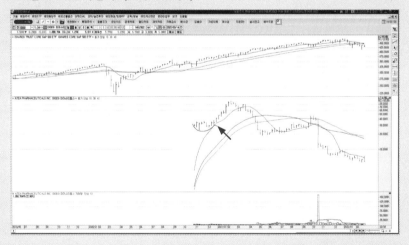

문제는 그다음입니다. 2021년 4월 28일에 기업의 악재를 발견했는지 기관의 매도 흔적이 확인하게 드러납니다. 여기서 더 주의 깊게 봐야 할 것은 S&P 500 지수 대비 이 종목의 상대 강도입니다. 동 기간 S&P 500 지수는 지속적으로 상승하는데 이 종목은 계속 하락합니다.

● 그림 4-46 AVIR 일간 차트(2020.11~2021.08)

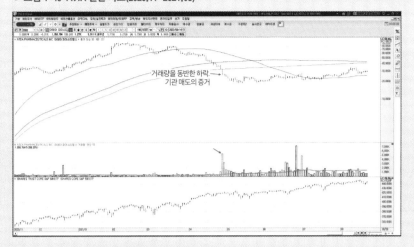

● 그림 4-47 AVIR 일간 차트(2020.11~2021.12)

앞서 설명했듯이 지수 대비 상대 강도는 패턴 매매의 핵심입니다. 손잡이가 달린 컵에 얼마나 가까운지, 완벽한 W 패턴인지 여부는 상대적으로 중요하지 않습니다. 패턴이 형성되기 전에 강력한 상승 추세와 상대 강도가 없다면 패턴의 모양이 어떻든 간에 매수를 고려해서는 안 됩니다.

언제 사야 할까, 손잡이가 달린 컵 패턴

"손잡이가 달린 컵은 가장 흔하게 발생되고, 포착이 쉬우며, 신뢰할 수 있는 패턴이다."

_ 마크 미너비니

매수 전 체크 리스트

손잡이가 달린 컵 패턴은 앞서도 설명한 바 있습니다. 베이스와 떨어질 수 없는 패턴이기 때문이죠. 따라서 여기서는 매수 전에 체크해야 할 것들만 살펴보도록 하겠습니다.

(A) 강력한 거래량을 동반한 새로운 상승 주세가 있는가?

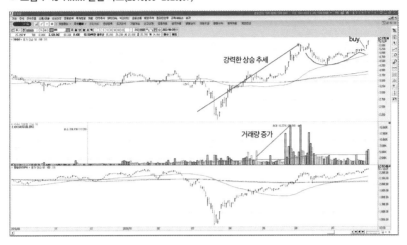

(B) 패턴이 몇 주에 걸쳐 형성되었는가?

Flat Base에 최소 5주, 손잡이가 달린 컵 패턴에 최소 7주 있어야 합니다.
HMM의 경우 상승 추세 후 첫 번째 하락하는 주부터 1주로 카운트했
으며, 7주 동안 머물러 있었습니다.

● 그림 4-49 HMM 주간 차트(2019.11~2020.07)

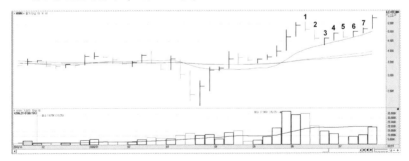

● 그림 4-50 HMM 일간 차트(2019.11~2020.08)

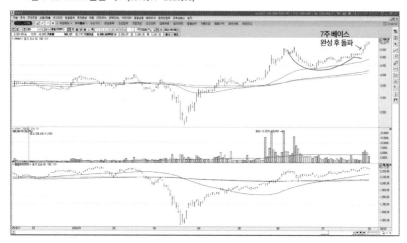

(C) 지수 대비 얼마나 강력한 상승세를 보이고 있는가?(혹은 지수가 하락할 때 얼마나 잘 버티는가?)

동 기간 KOSPI 지수는 54%였고, HMM은 167%의 상승을 보였습니다. 약 3배 상승한 것이죠. 지수 대비 강력한 상승을 보인 종목이 조정하는 과정에서 생기는 베이스를 타깃으로 삼아야 합니다.

● 그림 4-51 HMM 주간 차트(2016~2020)

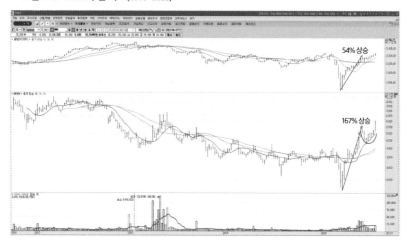

(D) 변동성 감소 패턴이 있는가?

마크 미너비니의 변동성 감소 패턴이 손잡이가 달린 컵 패턴을 정확하게 포착하는 데 있어 가이드 역할을 해 줄 것입니다.

● 그림 4-52 HMM 일간 차트(2019.09~2020.07)

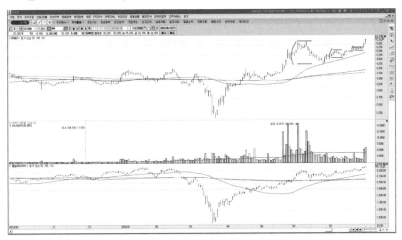

한 네이버 카페에서 기술적 분석과 관련한 글을 연재하는 동안 "손잡이가 달린 컵이 형성되는 수많은 베이스 중 어느 지점에서 매수해야 하나요?"라는 질문을 많이 받았습니다. 저는 이에 대한 답변으로 앞서 1단계 박스권을 벗어나 2단계에 속한 베이스 중에서 손잡이가 달린 컵을 선정해야 한다고 말한 바 있습니다.

이제 우리가 알아볼 것은 2단계에 속한 베이스들 중 변동성이 감소된 타깃 베이스를 선정하는 방법입니다. 다음은 셀트리온 주간 차트입니다.

● 그림 4-53 셀트리온 주간 차트(2013~2017)

주가는 긴 박스권을 뚫고 2단계로 진입합니다. 그러면서 하나씩 베이스를 형성하는데요. 처음에는 31%였던 변동폭이 다음에는 21%, 그다음에는 16% 그리고 기어코 8%까지 줄어듭니다. 우리가 노려야 할 베이스는 마지막 8% 지점입니다. 이때의 모습을 일간 차트로 살펴보겠습니다.

● 그림 4-54 셀트리온 일간 차트(2016.11~2017.09)

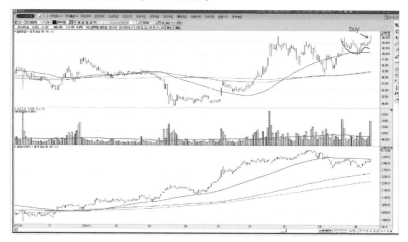

어떤가요? 손잡이가 달린 컵이 형성되어 있죠? 손잡이를 통과한 주가는
어디까지 갔을까요?

● 그림 4-55 셀트리온 일간 차트(2017.04~2018.03)

약 5개월 만에 220%나 올랐습니다.

또 다른 예시를 보겠습니다. 삼성바이오로직스 일간 차트입니다.

● 그림 4-56 삼성바이오로직스 일간 차트(2016.12~2017.09)

변동폭이 19%, 10%, 6%, 4%로 줄어들었죠? 이 주식은 8개월 만에 106% 상승했습니다.

앞서 배운 지수 대비 상대 강도를 변동성 감소 패턴과 함께 적용해 보길 바랍니다. 참고로 상대 강도를 비교하는 데는 일간 차트보다 주간 차트가 적합합니다. 그렇다면 셀트리온의 상대 강도는 어땠을까요?

● 그림 4-57 셀트리온 주간 차트(2014~2017)

삼성바이오로직스의 상대 강도도 살펴보겠습니다.

● 그림 4-58 삼성바이오로직스 주간 차트(2014~2017)

처음부터 한눈에 들어오지는 않을 겁니다. 그러니 기본 개념을 바탕으로 수많은 연습을 해 보길 바랍니다.

왜 돌파 직전 거래량은 말라야 할까?

'(C) 매수 시점의 거래량은 거래량 50일 이동평균선을 하회해야 한다'의 부연 설명이기도 한데요. 손잡이가 달린 컵 패턴과 관련해서 많이 받는 질문이 있습니다.

Q 거래량은 해당 방향으로의 힘을 나타내기 때문에 돌파할 때 거래량이 많으면 신뢰도가 높아지는 것으로 알고 있습니다. 그런데 돌파 직전의 매수 시점에서는 왜 거래량이 적어야 하는지 모르겠습니다. 주식을 팔려는 사람이 적어서 그런 거라면 돌파할 때는 왜 거래량이 많아지나요? 혹시 매물대 돌파, 본전 심리로 인한 매도 출현일까요?

이에 대한 답변으로 하나의 시나리오를 만들어 봤습니다.

- **A1. 기관 매수**

A라는 혁신 기업이 있습니다. 이 기업의 장래성을 높게 평가한 돈나무 누님께서 "좋아! 네가 바로 제2의 테슬라야!" 하고 돈을 투입하기 시작

합니다. 돈이 많은 이 누님 덕분에 거래량이 폭증하면서 주가는 며칠 아니 몇 주 동안 계속 올라갑니다. 일반 투자자였다면 주가가 너무 올랐기 때문에 매수를 멈추고 조정을 기다리겠지만 이 누님은 대인배입니다. "내가 돈이 얼마나 많은데! 평단가 따위 신경이나 쓸 것 같아?" 하며 계속 삽니다.

하지만 문제가 생깁니다. 급등하는 주가로 대중의 이목이 쏠린 겁니다. 이제 이 종목을 매수하려는 사람은 많아졌습니다. 그렇게 대중의 손을 탄 주가는 예전만큼 조금만 사도 팍팍 오르지 않습니다. 돈나무 누님의 심기는 점점 불편해집니다.

- **A2. Shakeouts, 심약자 제거**

이제 A 종목은 단타, 스캘핑, 알고리듬 등 대중이 사고파는 주식이 되어버렸습니다. 주가가 조금만 올라도 팔고, 떨어지면 사고를 반복하기 때문에 주가는 위아래로 흔들립니다. 이런 차익 실현 욕구는 주가를 일시적인 급락과 조정으로 몰고 갑니다. 변동성 역시 심해집니다. 이 과정은 완만한 베이스가 형성되는 동안 계속 진행됩니다.

베이스 형성 기간이 길어지자 지루함을 견디지 못하는 투자자들이 움직이기 시작합니다. 성격 급한 투자자나 손절을 쓰는 기술적 분석가나 10%만 하락해도 걱정에 삼을 설치는 심약한 투자자들이 서서히 시장에서 빠져나옵니다.

- **A3. 돌파**

이제 A 종목 주주 명단에는 셀슬람, 테슬람과 같은 광신도들과 '10년을 보유할 기업이 아니라면 단 10분도 보유하지 마라!'가 모토인 장기 투자자들만 남았습니다. 이들은 HTS도 잘 보지 않습니다. 그저 '시장이 흔들리는 거지, 내가 산 기업의 가치가 흔들리는 것이 아니야!' 하며 되뇔 뿐이죠. 자연스럽게 매도 물량은 줄어듭니다.

이때 기다렸다는 듯이 다시 돈나무 누님이 등장해서 A 종목을 사기 시작합니다. 물량이 없기 때문에 누님이 사는 족족 하늘을 뚫을 듯이 가격이 상승합니다.

● A4. 주가가 상승할 때 매도하기 Selling into Strength

누님은 돈뿐만 아니라 명성까지 얻었습니다. 충분한 만족감을 얻은 누님은 이제는 팔 때라고 생각합니다. 하지만 안타깝게도 누님은 너무 많은 물량을 보유하고 있습니다. 팔려고 내놓을 때마다 주가는 떨어집니다. 좌절하던 이때 구세주가 등장합니다. 방송에 나온 전문가들이 A 종목을 두고 시대의 혁신, 100년을 선도할 기업이라며 꼭 사야 한다고 열변을 토합니다. 이 말에 홀린 대중은 다시 A 종목을 매수하기 시작하고, 누님은 이때다 싶어 좋은 소식이 들릴 때마다 열심히 매도합니다.

● 그림 4-59 거래량 변화 그래프

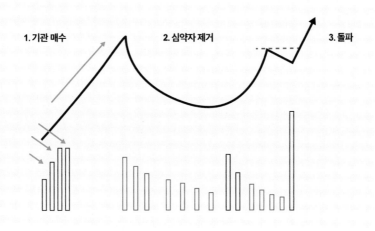

손잡이가 달린 컵에 대한 오해

주식 투자자라면 누구나 들어 봤을 패턴이지만 명확하게 이해하는 사람은 의외로 많지 않습니다. 심지어 토마스 불코우스키조차 제대로 이해하지 못했다고도 밝힌 바 있습니다. 손잡이가 달린 컵 패턴을 이해하기 위해서는 수요와 공급의 역학이 베이스 안에서 어떻게 일어나는지를 알아야 합니다. 그 힌트는 매물대$_{Overhead\ Supply}$를 보면 알 수 있습니다.

매물대는 투자자의 심리와 관련이 있습니다. 주가가 하락하면서 계좌가 시퍼렇게 물듦과 동시에 투자자들의 심리는 고통으로 가득 찹니다. 주가가 잠깐 떨어지고 반등하면 좋을 테지만 그렇지 않은 경우가 부지기수입니다. 계속 떨어지는 주가에 손실은 복리의 마법처럼 불어나고, 투자자들은 절망감과 공포에 사로잡힙니다. 그리고 다짐을 하게 됩니다. '본전, 아니 본전 근처만 와도 이 개잡주 팔아 버릴 거야!' 그렇게 주가가 반등할 때마다 추가 매수를 하며 주가의 상승을 저지합니다. 이들이 모인 지점을 매물대라고 부릅니다. 매물대는 낙폭이 클수록, 생긴 지 얼마 안 되었을수록 강력해진다는 특성을 가지고 있습니다. 투자자들은 이 점을 유념해야 합니다.

그렇다면 이 매물대가 우리의 매수 포인트(손잡이)에 어떻게 작용할까요? 여기서 퀴즈를 하나 내겠습니다. 다음 중 (동일한 상대 강도, 거래량이라고 가정했을 때) 가장 돌파 성공률이 높은 패턴은 무엇일까요?

● 그림 4-60 가장 돌파 성공률이 높은 패턴

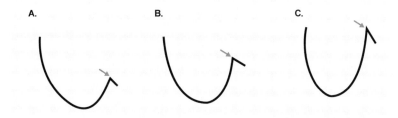

답은 C입니다. 왜냐하면 손잡이가 베이스 내에서 위쪽에 위치할수록 기존 매물대의 저항을 적게 받기 때문이죠. 그래서 오닐은 핸들이 적어도 컵 절반 이상에서 형성되었을 때만 매수하라고 했습니다. 이번에는 베이스의 길이에 따른 돌파 성공률을 알아볼까요?

● 그림 4-61 베이스의 길이에 따른 가장 돌파 성공률이 높은 패턴

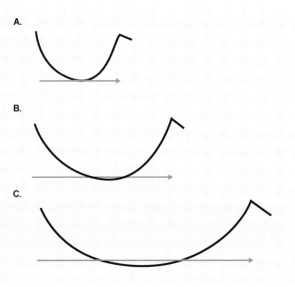

답은 C > B > A입니다. 베이스의 길이가 길수록 매물대를 뚫고 올라가는 힘이 좋습니다. 힘이 축적되기 때문입니다. 그래서 대가들은 베이스의 형성

기간을 반드시 확인합니다.

그렇다면 얼마간 베이스가 형성되어야 할까요? 저는 손잡이가 달린 컵은 최소 7주, Flat Base는 최소 5주를 이야기합니다. 이 기간이 확보된 경우에만 매매해야 합니다. 시점은 '베이스가 촘촘해질 때'입니다. Wide and Loose 베이스를 피하고, 촘촘한 베이스에서만 매수하길 바랍니다. 여기서 누군가는 다음과 같이 질문할지도 모릅니다.

"베이스를 선정할 때 Wide and Loose 베이스 차트 패턴은 좋지 않고, Tight한 걸 고르라는데 이게 무슨 느낌인지를 모르겠어요."

이럴 땐 말로 설명하기보다는 한 장의 그림을 보여 주는 게 낫습니다.

● 그림 4-62 Wide and Loose 베이스 차트 패턴과 Tight한 패턴

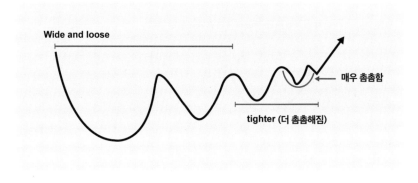

Big Base는 시간이 지남에 따라 상하 변동폭이 줄어듭니다. 위아래 변동폭이 점점 타이트하게 좁혀지는 것은 앞서도 설명했듯이 바로 변동성 감소 패턴입니다. 오늘의 Wide and Loose Base를 피하라는 말은 변동성 감소 패턴을 이용해서 매매하라는 말과 같습니다. 다음의 예제가 이에 대한 이해를 도우리라 믿습니다.

● 그림 4-63 DB하이텍 일간 차트(2021.03~2022.01)

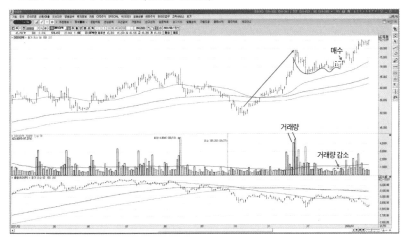

● 그림 4-64 심텍홀딩스 일간 차트(2021.03~2022.01)

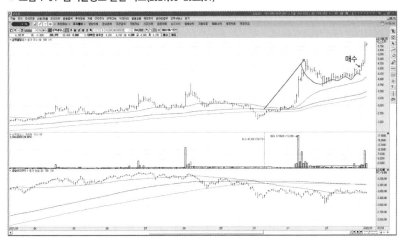

매수하면 안 되는 패턴, 쐐기형 핸들

주가가 바닥을 탈출할 때는 언제나 강렬한 저항에 부딪힙니다. 기관이 매수를 통해 가격을 전 고점까지 끌어올리면 이때다 싶어 본전을 찾고자 파는 투자자들이 매도 버튼을 누르기 때문입니다. 전 고점에 가까워질수록 본전을 찾겠다는 매물이 출회되기 때문에 주가는 언제나 일시적인 하락(조정)을 하게 됩니다. 이것이 손잡이가 달린 컵에서 핸들이 등장하는 원리입니다.

핸들의 지점은 심약한 투자자로 하여금 이제 팔아야 할 때라고 생각하게 만듭니다. 왜냐하면 기관의 매수세로 인해 거침없이 올라서 환희에 찬 것도 잠시, 다시 하락이 찾아오기 때문입니다. 이때 엉덩이가 가벼운 투자자는 충분히 괜찮은 수익을 얻고 시장을 떠납니다. 결과적으로 엉덩이가 가벼운 투자자들을 쉽게 떨구게 됩니다. 그들이 다 떠나고 나면 Selling Vacuum(매물 출회가 사라지는 일시적인 현상)이 나타납니다. 그 이후는 Boom! 엄청난 급등을 경험할 수 있습니다.

이게 윌리엄 오닐의 손잡이가 달린 컵, 제시 리버모어의 최소 저항선, 니콜라스 다바스의 박스 돌파 원리입니다. 이때 중요한 것은 핸들 부분에서의 그림입니다. 하락하지 않고 오르내리면서 조금씩 상승한다면 엉덩이가 가벼운 투자자들을 충분히 떨굴 수 없습니다. 이런 상승은 오히려 그들로 하여금 '조금만 버티면 이 종목은 오를지도 모른다'는 희망을 심어 줍니다. 만약 그 결과 주가가 피봇 포인트를 돌파한다면 이 엉덩이가 가벼운 투자자들은 '내 말이 맞았다'면서 잽싸게 수익 실현을 할 겁니다. 우리나라의 대표 룰이 '5% 수익만 나도 팔자' 아닙니까? 이렇게 되면 주가 상승은 더뎌지고, 돌파는 실패로 끝날 확률이 높아집니다. 쐐기형 핸들Wedging Handle이라고 부르는 이런 핸들에서는 절대 매수하면 안 됩니다.

● 그림 4-66 정상적인 핸들과 쐐기형 핸들

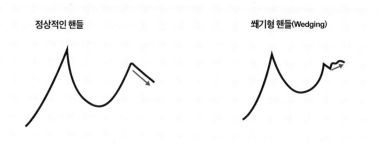

정상적인 핸들 / 쐐기형 핸들(Wedging)

Cup in Cup 패턴

강력한 추세로 상승하던 주가는 조정을 맞이합니다. 처음에는 32%라는 변동폭을 보이더니 이후 차츰 15%, 6%로 변동성이 줄어듭니다. 이 패턴을 선으로 한 번 그려 보면 [그림 4-67]과 같을 겁니다. 여기서 빨간색으로 표시한 부분에서 매수하는 것을 Cup in Cup 패턴이라고 합니다.

● 그림 4-67 Cup in Cup 패턴

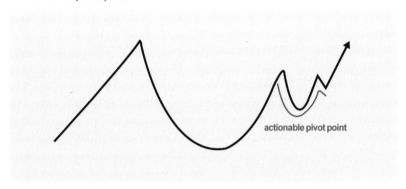

actionable pivot point

우리가 타깃으로 잡아야 하는 베이스들은 크고 넓은 것이 아니라 작고 촘촘해진 것입니다. 다음의 차트들이 도움이 될 것입니다.

● 그림 4-68 서울가스 일간 차트(2020.10~2021.09)

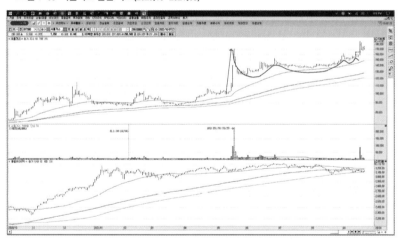

● 그림 4-69 셀트리온 일간 차트(2015.06~2017.09)

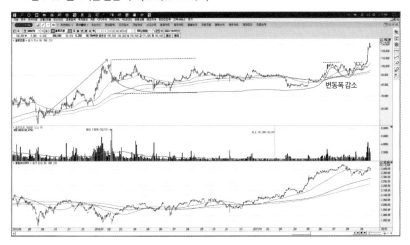

● 그림 4-70 서연이화 일간 차트(2020.01~2020.12)

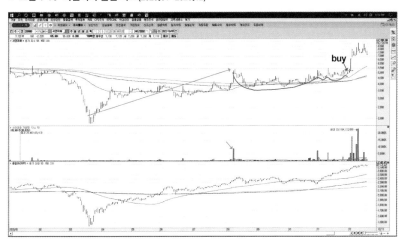

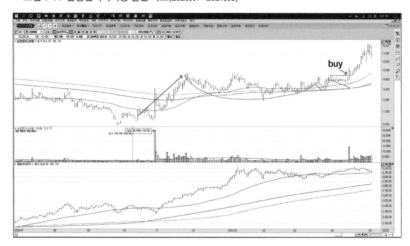

W in Cup 패턴

컵 모양의 베이스 안에서 좀 더 작은 형태로 W 패턴이 형성되는 것을 W in Cup 패턴이라고 합니다. 다음의 차트들이 도움이 될 것입니다.

● 그림 4-72 제룡전기 일간 차트(2021.12~2022.08)

● 그림 4-73 마이크로컨텍솔 일간 차트(2020.07~2022.08)

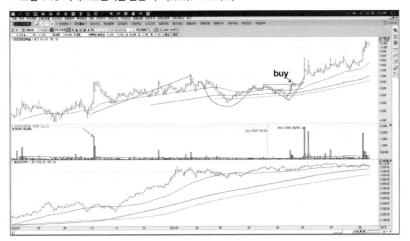

● 그림 4-74 피에스케이 일간 차트(2020.01~2020.12)

인간의 본성을 거스르는 매매 방식, High Tight Flag 패턴

가장 인간의 본성을 거스르는 매매 방식을 꼽으라면 단연코 높이 솟은 깃
발형 패턴으로 불리는, 오닐의 High and Tight Flag 패턴을 고를 겁니다. 이름도
참 잘 지었습니다. 이 패턴이 성립하기 위한 조건이 명시되어 있기 때문이죠.

(A) High: 8주 안에 90% 이상 급상승한 종목

(B) Tight: 90% 이상 급상승한 이후 Tight(변동성이 적은)하게 패턴 유지, 20~25%에서 조정이 머물러야 함

왜 이런 패턴이 발생했을까요? 예를 들어 보겠습니다.

어떤 기업에 호재가 생겼다는 것을 펀드매니저가 발견했습니다. 그가 발견한 정보는 FDA 승인을 앞둔 제품이 있다는 사실입니다. 하지만 헤지 펀드와 연금 펀드는 하루 이틀 만에 원하는 양만큼 주문을 체결할 수 없습니다. 그래서 며칠, 때론 몇 주간 시장가로 해당 종목을 매수합니다. 덕분에 종목은 며칠, 몇 주 만에 상한가와 신고가를 기록하며 상승합니다.

이런 종목들은 재무제표 또는 산업 분석을 할 필요가 없습니다. 물론 기업의 펀더멘털이 턴어라운드하거나 탄탄한 경우도 있지만 대부분은 재무제표가 엉망입니다.

그림 하나가 천 번의 설명보다 낫죠. High Tight Flag를 찾아내는 방법을 살펴보겠습니다.

● 그림 4-75 High Tight Flag 찾아내는 법 1

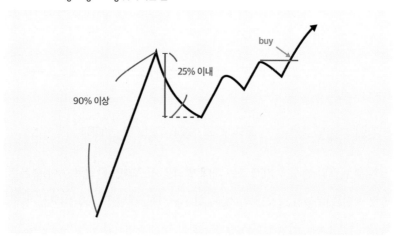

8주 안에 90% 이상 상승을 했는지를 보면 됩니다. 어떻게 세어 보면 좋을까요? 간단합니다. 깃대를 기준으로 차례대로 8개씩 세어 가면 됩니다.

● 그림 4-76 High Tight Flag 찾아내는 법 2

예시를 들어 볼까요? 다음 종목은 2019년을 떠들썩하게 했던 케이엠더블유입니다. 8주 안에 200% 급상승한 뒤 비교적 타이트한 22%의 베이스를 형성하고 있죠. High Tight Flag의 전형적인 예제입니다. 이 종목은 피봇 포인트 매수 후에 단 두 달 만에 85%나 상승합니다.

● 그림 4-77 케이엠더블유 주간 차트(2015~2019)

● 그림 4-78 케이엠더블유 일간 차트(2018.11~2019.07)

사람들은 High Tight Flag의 경우 단기간에 급격히 오른 만큼 변동성이 심해서 손절 범위를 기존보다 늘려야 한다고 생각합니다. 하지만 High Tight Flag도 손절 범위는 -3%면 충분합니다. 변동성이 심한 종목도 변동성이 줄어들 때 매매한다는 걸 잊지 마세요.

High Tight Flag는 변동성이 크기 때문에 돌파매매가 아닌 조정 시 눌림목 매매를 해야 한다고 말하는 사람도 있습니다. 하지만 High Tight Flag도 일시적인 하락으로 보이는 조정 중 베이스를 만드는 과정에서 3, 40%는 급격히 주가가 추락하기도 합니다. 따라서 High Tight Flag 패턴 역시 돌파매매가 가장 좋습니다.

그렇다면 어떻게 매수해야 할까요? 사실 특별한 방법이 있지는 않습니다. 앞서 설명했던 손잡이가 달린 컵에 W 패턴, 여기에 Flat Base까지, 하던 방식을 그대로 사용하면 됩니다.

그럼 기존의 패턴과 무엇이 다른 걸까요? 바로 베이스의 형성 기간입니다. 보통 손잡이가 달린 컵은 7주, Flat Base는 5주의 베이스 형성 기간이 필요하지만, High Tight Flag는 12일 만에도 매수 타점이 나옵니다. 쉽게 말씀드리

면 High Tight Flag는 패턴이 형성되는 즉시 매매를 해야 합니다. 그 좋은 예
가 화인베스틸 차트입니다.

● 그림 4-79 화인베스틸 주간 차트(2017~2020)

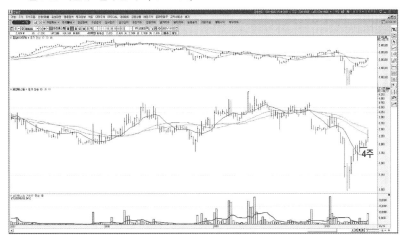

● 그림 4-80 화인베스틸 일간 차트(2019.08~2020.06)

또 다른 예도 보여 드리겠습니다.

● 그림 4-81 티앤엘 일간 차트(2020.08~2021.06)

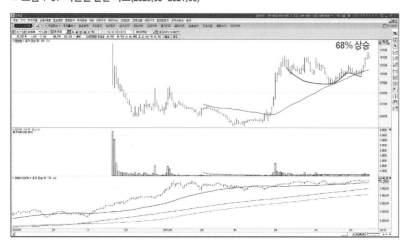

● 그림 4-82 다우데이타 일간 차트(2019.08~2020.05)

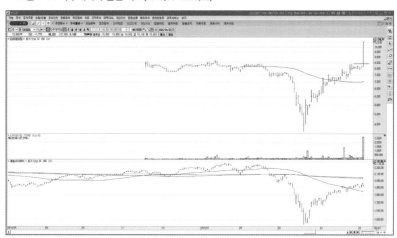

8주 안에 90% 이상 급상승한 종목의 경우 조정폭이 10% 이내로 유지되면서 짧은 베이스를 만든다면 전 고점을 돌파할 때 매수해야 합니다. High Tight Flag는 지수의 조정 후에 형성되는 경우가 많습니다.

마지막으로 High Tight Flag를 쉽게 검색하는 방법을 보여 드리겠습니다. 키움 조건식입니다.

대상변경 <업종대상(전체)><우선주+ETF+SPAC+ETN제외><건체결종산>

지표
E FLAGS

조건식

종목명	현재가	전일대비	등락률	거래량	시가	고가	저가
국제약품	7,020 ▲	1,110	+18.78%	24,234,301	5,910	7,350	5,590
갤럭시아에스엠	3,490 ↑	805	+29.98%	9,470,116	3,205	3,490	3,100
제이시스	2,645 ▼	80	-2.94%	1,856,557	2,695	2,730	2,590
우리기술투자	7,350 ▲	1,630	+28.50%	24,099,387	6,230	7,430	6,060
덱이아이씨에스	5,080 ▲	50	+0.99%	15,299,428	4,995	5,440	4,600
빌레펠드	5,290 ↑	1,215	+29.82%	563,869	5,290	5,290	5,290
갤럭시아머니트리	11,350 ▲	2,240	+24.59%	20,034,708	9,640	11,750	9,410
위메이드	68,600 ▲	8,700	+14.52%	4,692,777	62,700	71,700	61,200
넥스트아이	720 ▲	5	+0.70%	2,673,143	752	779	700
흥진	75,800 ▼	4,600	-5.72%	147,083	82,800	83,000	72,100

[12건 검색됨]

조건식 새로작성 조건식명 변경 조건식 삭제

내용
주기별 주가등락률 비교 : [일]140봉전 저가대비 [일]0봉전 고가등락률 100%이상

High Tight Flag의 추억

2015년 중순에 투자를 처음 시작한 저에게 High Tight Flag 패턴은 난제나 다름없었습니다. 이론상으로는 익혔으나 실전에서는 매번 손실을 입었기 때문이죠. 그래서 지난 몇 년간은 '나하고 High Tight Flag는 맞지 않아!' 하고 생각하며 다시는 이 패턴으로 매매하지 않겠다고 다짐했습니다. 하지만 이 다짐은 그로부터 4년 후에 깨졌죠. 더불어 그때와 달리 저는 High Tight Flag 매매로 드디어 성공을 맛봤습니다. 그때의 기쁨은 이루 말로 형용하기 어려울 정도였습니다.

최초의 High Tight Flag 성공 종목은 '이에스에이'였습니다. 이 종목은 당시 주식시장에 몸담은 분이라면 누구라도 알 만큼 하루에 몇 번씩 스팸 문자를 보내고 찌라시를 날리던, 한마디로 작전주였습니다. 대부분 '펀더멘털이 안 좋은 주식은 사도, 작전주는 절대 사지 말자'란 생각을 갖고 있을 겁니다. 사실 저 역시 그랬습니다. 심지어 이 종목은 스팸 문자도 보내면서 '나 작전주야!' 하고 대놓고 광고하고 있었기에 저 역시 선뜻 내키지는 않았습니다. 그럼에도 불구하고 단 2주 만에 100% 이상 상승하고, 변동성 감소 패턴과 함께 멋진 '손잡이가 달린 컵'을 형성한 이 종목을 안 살 수는 없었습니다.

그렇습니다. 저의 첫 High Tight Flag 매매는 이 개잡스러운 작전주였습니다. 그 뒤로 수많은 High Tight Flag를 매매하면서 특징을 깨달을 수 있었습니다. High Tight Flag를 매매할 때는 이 세 가지를 기억해야 합니다.

(A) 펀더멘털을 보지 않는다

펀더멘털뿐만 아니라 작전주든 대선 테마주든 신경 쓰지 않아야 합니다. 이런 종목들은 8주 안에 100% 이상 상승한 후 20~25%의 조정을 거치지 못하기 때문입니다. 만약 이런 종목들이 High Tight Flag의 조건을 충족한다면 선입견을 버리고 오히려 테슬라나 애플처럼 다뤄야 합니다.

(B) 200일선 밑에 있어도 매매한다

기술적 분석의 원칙 중 하나는 '어떤 경우에도 200일선 밑에서 가격이 형성된 주식은 매수하지 않는다'입니다. 하지만 High Tight Flag는 이 규칙조차 무시합니다.

(C) High Tight Flag는 베이스 길이가 짧아도 매매한다

첫 번째 매수 종목인 이에스에이는 제가 기억하기로는 15~20%밖에 수익이 안 났습니다. 하지만 다른 High Tight Flag 패턴 종목인 테슬라는 매수 후 6개월 만에 400%가 넘는 상승을 했죠. 이번 조정장은 상당히 좋은 퍼센티지의, 잘하면 10~15% 이상의 좋은 지수 조정이 있을지도 모릅니다. 이런 조정에서는 High Tight Flag 패턴들이 나옵니다. 이것이 지금 시기에 열심히 High Tight Flag 패턴들을 공부해야 하는 이유입니다.

모든 기준이 주간 차트인 Flat Base 패턴

Flat은 우리말로 평평한 베이스로, Flat Base 패턴의 특징은 주간 종가Weekly Closing의 변화가 매우 적다는 데 있습니다.

이 패턴을 규정할 때는 일간 차트를 보지 않습니다. 즉 모든 기준은 주간 차트입니다. 먼저 IBDInvestor's Business Daily에서 설명하는 Flat Base의 정의를 살펴보겠습니다.

● 그림 4-84 Flat Base 패턴

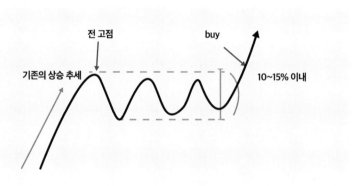

(A) 스탠 와인스타인의 단계 분석상 2단계에 해당하는 상승 추세에 있는 종목의 주가가

(B) 10~15%의 변동성이 매우 적은 상태에서 형성되었을 경우

(C) 전 고점을 돌파하면 매수한다.

매우 간단하죠? 그런데 여기서 한 가지를 더 살펴야 합니다. 바로 주간 종가의 변동폭으로, 1% 이내여야 합니다. 예제를 보면 이해하기가 더 쉬울 겁니다.

● 그림 4-85 DB하이텍 주간 차트(2002.11~2004.09)

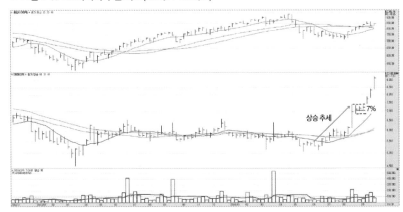

베이스는 4주로 약간 짧은 느낌이 있지만 세 가지 조건을 충족하고 있습니다. 기존의 상승 추세를 유지하고 있으며, 고점과 저점 사이는 7%로 Flat Base의 조건인 15% 이내입니다. 여기에 2004년 8월 23일 대비 30일의 종가 변동률은 0.7%입니다. 이는 앞서 말했던 주간 종가의 변동폭 기준인 1% 안에 들어갑니다. 모든 조건을 만족했으니 이제 고점을 통과할 때 매수할 일만 남았습니다.

● 그림 4-86 서울가스 주간 차트(2018.11~2021.08)

● 그림 4-87 현대에버다임 주간 차트(2018.08~2021.06)

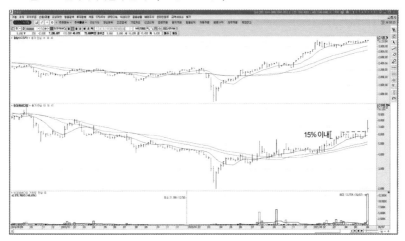

조금 더 교과서적인 예제를 살펴볼까요? 서울가스, 현대에버다임, 후성, 세아제강지주의 차트입니다.

● 그림 4-88 후성 주간 차트(2019.06~2021.11)

● 그림 4-89 세아제강지주 주간 차트(2019.07~2021.08)

안타깝게도 실전에서는 이렇게 예쁘고 한눈에 알아볼 수 있게 나오지 않습니다. 대부분은 변형과 속임수를 자주 노출합니다. 다음이 그 예입니다.

● 그림 4-90 한컴위드 주간 차트(2018.12~2021.04)

이 종목은 3주간 종가 변화 1% 이내라는 조건을 만족시켰습니다. 그리고 2020년 10월 21에 전 고점을 돌파하기만 하면 되었죠. 하지만 전 고점을 돌파하지 못합니다. 전 고점을 돌파한 시점은 그로부터 두 달 뒤인 12월 21일입니다. 이렇게 변형하는 경우가 적지 않습니다.

오늘의 책에 Flat Base는 손잡이가 달린 컵이나 W 패턴 이후에 발생한다고 적혀 있습니다만, 반드시 그렇지는 않습니다. Flat Base를 규정할 때는 기존에 어떤 패턴이 있었는지를 신경 쓰지 않아도 됩니다.

그나저나 왜 이런 패턴이 나오는지 궁금할 겁니다. 개인적으로는 헤지 펀드, 연금 펀드, 보험 등 규모가 큰 자금이 특정 종목에 유입될 때 적정 가격을 세팅해 놓고, 적정 가격 범위 내에서 가격이 형성되면 자동 매수하라고 세팅해 놓은 게 아닐까 생각합니다.

기술적 분석이란 대규모 기관 자금의 유입과 유출의 흔적을 찾는 기술입니다. 대규모의 자금을 운용하는 기관들은 매수·매도 흔적을 남길 수밖에 없습니다. 우리가 할 일은 이를 이용해서 이익을 취하는 것입니다.

마크 미너비니가 만든 Low Cheat 패턴

사실 Flat Base를 제외한 모든 패턴은 '손잡이가 달린 컵'에서 파생되었다고 봐도 무방합니다. High Tight Flag 패턴은 '손잡이가 달린 컵'에서 베이스 형성 기간만 짧을 뿐이고, W 패턴은 단지 손잡이가 더 하향Drift-Down한 것입니다. Low Cheat 패턴도 마찬가지입니다. 기존의 손잡이가 달린 컵에서 손잡이가 단지 아래쪽에 위치했을 뿐입니다. 복습도 해 볼 겸 다시 '손잡이가 달린 컵'의 정의를 살펴볼까요?

주가가 하락하면 매물대라는 것이 생겨납니다. 매물대가 생겨나는 이유는 자신의 판단이 틀렸을 경우 재빠르게 포지션을 청산하는 프로들과 달리 아마추어들은 자신의 판단이 틀렸다는 것을 인정하려 하지 않기 때문에 손실을 계속 감내합니다. 그렇게 하루가 다르게 축적되는 시퍼런 계좌를 보던 아마추어들은 본전 근처만 오면 팔고 다시는 쳐다도 안 보겠다는 다짐을 하게 됩니다. 매물대는 어떻게 보면 이들의 분노와 실망이 쌓인 곳입니다. 그 결과 주가는 오르다가 얼마 지나지 않아 다시 떨어집니다.

윌리엄 오닐이 컵의 중간 이상을 핸들이라고 한 이유가 바로 여기에 있습니다. 핸들이 높을수록 매물대의 저항을 적게 받으니까요.

Low Cheat 패턴의 창시자인 마크 미너비니는 오닐의 제자입니다. 그는 윌리엄 오닐과 데이비드 라이언의 세미나에 학생으로 참석했고, 마침 그들은 "손잡이는 컵 중간 이상에서 형성되어야 한다"고 가르치고 있었습니다. 하지만 그는 손잡이가 중간 아래에 형성되어 있는데도 돌파를 높은 확률로 성공하는 것을 여러 번 목도하게 됩니다. 그래서 그는 이 패턴으로 몇 번 시험 삼아 매수합니다. 그가 이 패턴을 Cheat, '속인다'로 적은 이유도 여기에 있습니다. 교과서와 달리 손잡이가 중간 아래에서 형성된 패턴을 매수하기 때문이었죠.

원조 Cheat Pattern을 먼저 설명드리겠습니다. 크게 네 단계로 정리할 수 있습니다.

(A) 하락 추세: 2단계에 속한 종목이 조정을 받습니다. 이따끔 튀어 오르는 주가 상승이 발생하기도 합니다.

(B) 상승 추세: 하락 추세를 이겨 내고 주가는 다시 상승을 시도합니다. 하지만 이것이 바닥인지에 대해서는 확신이 없습니다. 보통 주가는 이때 컵의 1/3이나 절반까지 상승합니다. 그럼에도 매물대의 압력으로 주가는 상승을 멈추거나 조정을 받습니다.

(C) 일시 멈춤: 주가는 며칠 또는 몇 주간 상승도 하락도 하지 않은 채 베이스를 만듭니다. 이 부분에서 조정의 폭은 5~10%여야 합니다. 이때는 살짝 하락하면 좋습니다. 변동성이 감소되어야 하기 때문입니다.

(D) 돌파: 가격이 정체된 지점의 최고점을 돌파할 때가 바로 매수 시점입니다.

● 그림 4-91 원조 Cheat Pattern의 네 단계

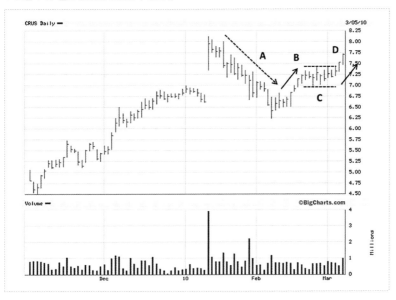

이해가 되었나요? 이해하지 못했다 해도 아무 문제가 없습니다. 다시 쉽게 풀어 볼 것이니까요.

Low Cheat이란 단순하게 '손잡이가 달린 컵'에서 손잡이 부분이 시장의 조정으로 인해 중간 아래에 위치했을 경우를 뜻합니다. 패턴이 형성되는 모든 원리는 수요와 공급의 역학일 뿐입니다.

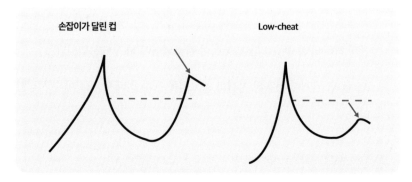

단순히 수요와 공급의 역학 측면에서 이 둘을 비교하면 Low Cheat 패턴은 어떻게 강력한 매물대를 이겨 내고 돌파할 수 있을까요? 낮게 형성된 손잡이에서 매수할 때는 강력한 추세가 동반된다는 전제가 있어야 합니다. 시속 30킬로미터로 주행 중이라면 급정거가 가능하지만 100킬로미터로 주행 중이라면 급정거가 사실상 불가능합니다. 우리가 원하는 것은 후자입니다.

Low Cheat 패턴은 여기서 한 가지 전제를 더 요구합니다. 바로 시장의 하락에도 불구하고 조정이 시장 대비 크지 않아야 합니다. 시장의 하락으로 인해 중간 위에 있어야 할 손잡이가 일시적으로 하락했다고 생각하면 됩니다. 정상적인 시장이라면 컵의 중간 이상에 안착했을 텐데 급락으로 인해 떨어진 거죠. 이런 경우, 컵의 중간 이상에 자리 잡지 못했다는 이유로 매수하지 말아야 할까요? 당연히 아닙니다. 우리는 시장의 하락으로 인한 어쩔 수 없는 상황이기 때문에 손잡이가 중간 이상에 있다고 간주하고 매매해야 합니다.

그럼 예제를 살펴볼까요?

● 그림 4-93 코엔텍 주간 차트(2015~2019)

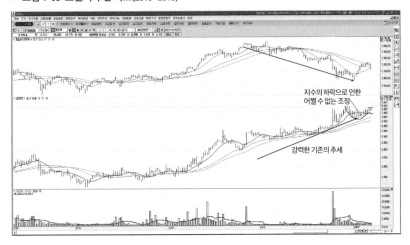

● 그림 4-94 에이피티씨 주간 차트(2018~2021)

● 그림 4-95 에이피티씨 일간 차트(2020.06~2021.03)

● 그림 4-96 진양폴리 주간 차트(2018~2021)

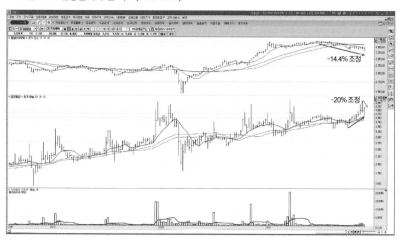

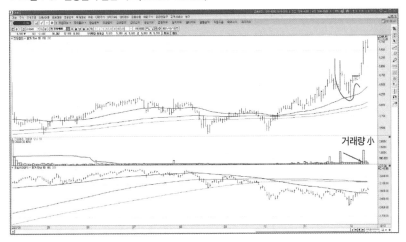

진양폴리의 경우 지수와 비슷한 수준(-14% vs. -20%)으로 조정을 받았습니다. 상대 강도는 지수 대비 몇 배 이내이면 강한 것이라고 했죠? 네, 2.5배 이내입니다. 즉 지수가 -14% 하락했다면 동 기간 -35%까지 하락한 주식은 여전히 상대 강도가 강한 거라고 볼 수 있습니다.

● 그림 4-98 두산 주간 차트(2017~2021)

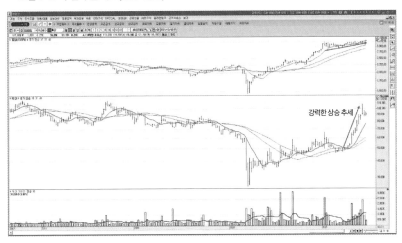

● 그림 4-99 두산 일간 차트(2020.12~2021.07)

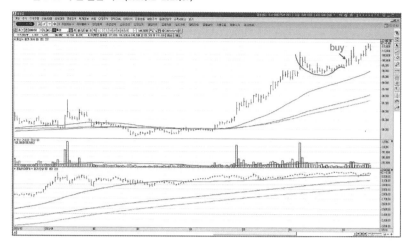

● 그림 4-100 네오크레마 일간 차트(2020.09~2021.06)

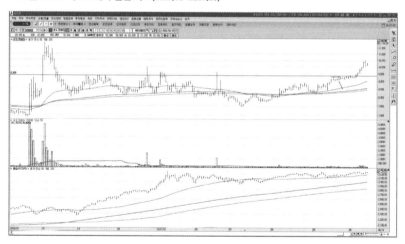

● 그림 4-101 테슬라 일간 차트(2019.11~2020.08)

테슬라의 경우 Low Cheat가 W 패턴으로 바뀌었음을 확인할 수 있습니다.

또 하나의 예외, IPO 패턴

기술적 분석에서 베이스의 형성 기간을 파악하는 것은 매우 중요합니다만 앞서 예외 하나를 살펴보았습니다. 바로 High Tight Flag입니다. 매물대와 관련지어서 투자자의 심리를 설명한 바 있는데요. 그 결과 도출된 값이 '손잡이가 달린 컵'은 최소 7주, Flat Base는 5주 이상이 필요하다는 것이었습니다. 하지만 High Tight Flag는 강력한 상승 추세로 인한 모멘텀이 남아 있기 때문에 베이스 형성 기간이 7주 미만인데도 매매할 수 있다고 말했습니다.

이 점은 IPO도 동일합니다. IPO는 상장한 지 얼마 안 되었기 때문에 매물대의 폭이 얇고 힘이 없습니다. 이런 IPO의 특징을 이해한다면 베이스 형성 기간에 연연하지 않고 매수할 수 있습니다.

다음의 공구우먼 차트는 5주간 손잡이가 달린 컵을 형성한 후 돌파하는 것을 보여 줍니다.

● 그림 4-102 공구우먼 주간 차트(2020.12~2022.06)

● 그림 4-103 공구우먼 일간 차트(2021.09~2022.05)

Base on Base 패턴

통상적인 베이스 형성 기간과 무관한 패턴이 하나 더 있습니다. 바로 Base on Base입니다. 피봇 포인트를 돌파한 주식은 대개 20~25% 상승을 하는데요. 시장의 조정이 심할 때는 이 수치까지 오르지 못하기도 합니다. 이때 주가는 소강상태에 들어가면서 직전의 베이스 위에 새롭게 베이스를 형성합니다. 강력한 추세가 살아 있음을 나타내 주는 신호입니다. 이와 같은 경우에는 비교적 짧은 3주 베이스에서도 돌파매매가 가능합니다. 즉 Base on Base의 경우 직전 베이스의 형성 기간까지 포함해야 합니다.

● 그림 4-104 디와이피엔에프 일간 차트(2018.07~2019.05)

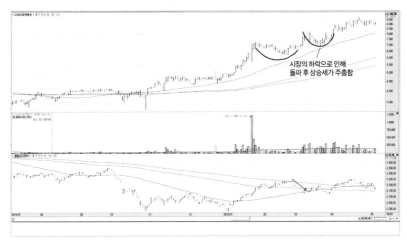

디와이피엔에프의 경우 직전 베이스 5주에 추가 베이스 2주를 합쳐서 총 7주짜리 베이스를 형성했습니다. 7주부터는 손잡이가 달린 컵을 이용해 매매할 수가 있죠. 이때는 첫 5주 베이스를 기준으로 총 9주짜리 베이스가 되는 것입니다.

여기서 Base on Base가 성립되기 위해서는 중요한 전제 조건이 있습니다. 전 베이스보다 20% 이상 상승하면 안 됩니다. 만약 20% 이상 상승할 경우 새로운 베이스라고 간주하고 다시 베이스 카운팅을 해야 합니다.

● 그림 4-106 하나의 베이스로 취급하는 경우(두 번째 베이스가 첫 번째 베이스의 20% 이내의
위치에 있을 경우)

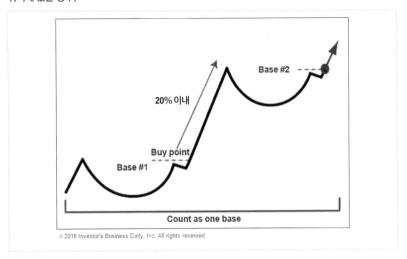

● 그림 4-107 완전히 다른 베이스로 취급하는 경우(두 번째 베이스가 첫 번째 베이스보다 20% 이상
상승한 경우)

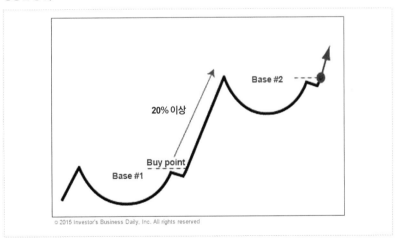

● 그림 4-108 디와이피엔에프 주간 차트(2016.11~2019.03)

● 그림 4-109 JB 금융지주 주간 차트(2017~2021)

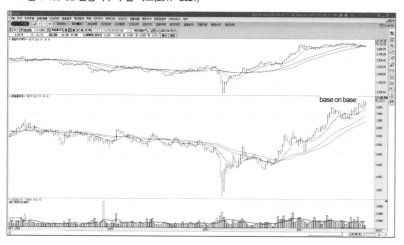

● 그림 4-110 JB 금융지주 일간 차트(2020.12~2021.09)

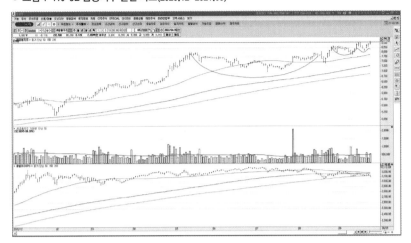

● 그림 4-111 디티알오토모티브 주간 차트(2018~2021)

시장 대비 상대 강도
base on base

● 그림 4-112 이녹스첨단소재 일간 차트(2020.10~2021.08)

Base on Base의 경우 두 번째 베이스가 첫 번째 베이스를 침범하지 않고, 직전 베이스 위에서 형성되기도 합니다. 이 같은 상황은 추가 매수를 가능하게 해 줍니다. 에프엔씨엔터의 차트를 보며 설명해 보겠습니다.

● 그림 4-113 에프엔씨엔터 주간 차트(2018~2022)

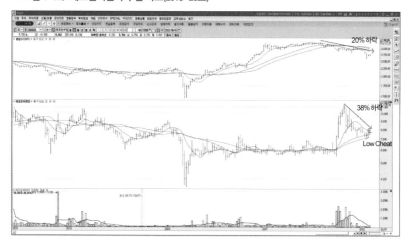

보통 개별 종목은 지수 대비 2, 3, 5배의 상승과 하락을 보입니다. 앞서도

말했지만 그런 이유로 지수 대비 2.5배 하락이면 상대 강도가 높은 것으로 간주합니다. 에프엔씨엔터는 KOSPI 지수가 20% 하락하는 동안 38% 하락했습니다. 지수 대비 2배 이내의 하락을 보인 겁니다. 이때는 Low Cheat 셋업을 노려볼 만합니다.

● 그림 4-114 에프엔씨엔터 일간 차트(2021.06~2022.04)

에프엔씨엔터의 경우 추후 발생한 시장의 장기 하락으로 인해 큰 수익을 내지는 못했지만, 비교적 최근 종목 중에서는 피라미딩을 한 예제가 될 수 있습니다. 시장의 하락기에서는 피라미딩을 하기도 어렵고, 피라미딩을 해도 큰 수익을 내기가 쉽지 않습니다.

좀 더 많은 예제를 살펴볼까요?

● 그림 4-115 삼성SDI 일간 차트(2020.04~2021.01)

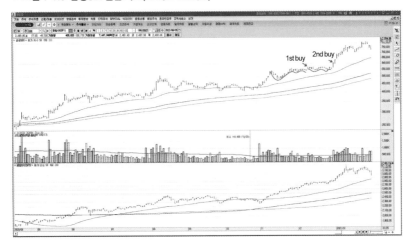

● 그림 4-116 공구우먼 일간 차트(2021.11~2022.07)

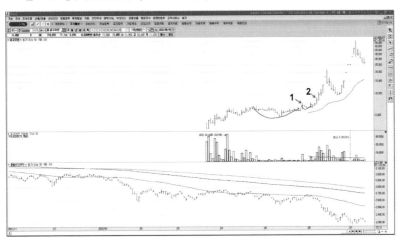

피라미딩에는 여러 방식이 있습니다만 다음 두 패턴이 대표적입니다.

(A) Intraday Pyramiding

매수한 당일 1일 내에서 여러 번 피라미딩을 하는 방식입니다. 돌파했을 때 거래량이 동반되었다면 매수한 당일 바로 추가 매수하는 방식입니

154

다. 이 방식은 매우 빠르게 베팅을 늘릴 수 있다는 장점과 잘 잡은 포지션을 한 번에 날려 버릴_{Blow Off} 위험성이 커진다는 단점이 공존합니다.

(B) 새로운 베이스가 생길 때까지 기다리는 방식

니콜라스 다바스가 즐겨 쓴 방식으로, 저 역시 이때만 피라미딩을 합니다. 이 방식은 실패율이 적으며, 지난번 베이스의 수익 쿠션을 이용해서 베팅을 하기 때문에 웬만하면 손실이 나지 않는다는 장점이 있습니다.

형성 기간과 거래량이 핵심, W 패턴

손잡이가 달린 컵만큼이나 널리 알려진 패턴입니다. 그만큼 자주 발생하고 인식하기가 쉽습니다. 그럼에도 불구하고 W 패턴을 어떻게 매매해야 하는지 정확히 알려 주는 전문가나 기술적 분석가를 찾기가 쉽지 않습니다.

그러다 보니 적지 않은 투자자가 이런 질문을 해 오곤 합니다. "이 패턴이 손잡이가 달린 컵인가요, 아니면 W 패턴인가요?" 저는 이때 데이비드 라이언의 말을 인용해 답하곤 합니다. "패턴의 모양이 손잡이가 달린 컵인지, W 패턴인지는 중요하지 않습니다."

기술적 분석은 수요와 공급의 역할을 이해하는 것이 패턴의 모양을 판별하는 것보다 훨씬 더 중요합니다. 그럼에도 먼저 교과서적인 W 패턴 매매를 설명해 드리겠습니다.

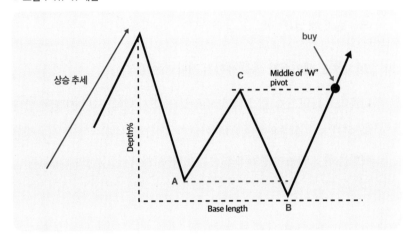

(A) 상승 추세 확인

(B) A까지 하락

(C) C까지 상승

(D) B까지 하락(이때 B가 전 저점 A를 하회할 것)

(E) 가격이 B에서부터 상승하여 C를 통과할 때 매수

W 패턴의 역학을 이해하기 위해서 손잡이가 달린 컵 패턴과 비교해 보겠습니다.

● 그림 4-118 손잡이가 달린 컵 패턴

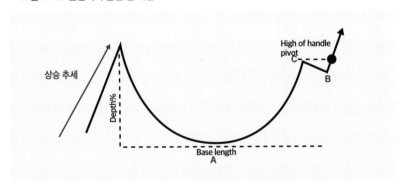

W 패턴은 '손잡이가 달린 컵' 모양을 형성하고 돌파해야 할 패턴이 시장의 조정으로 인해 C 부분, 즉 손잡이가 더 많이 하락한 패턴으로 간주하면 됩니다. [그림 4-119]처럼 말입니다.

● 그림 4-119 손잡이가 달린 컵 패턴 속 W 패턴

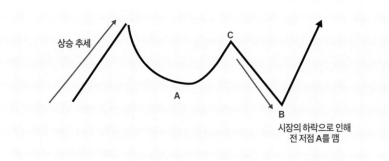

실제 예제를 통해서 W 패턴을 살펴보겠습니다.

● 그림 4-120 CBI 일간 차트(2020.06~2021.05)

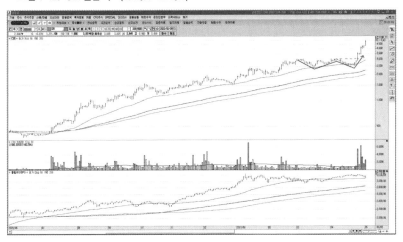

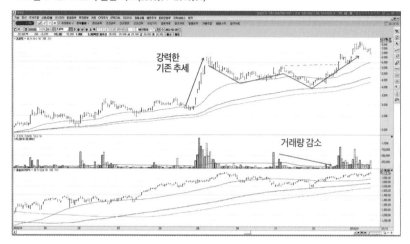

W 패턴은 'Cup with Handle' 패턴과 더불어 윌리엄 오닐의 시그니처 중 하나로 매수 포인트는 주가가 W 패턴의 중간 지점을 지날 때입니다. 하지만 W 패턴을 매매해 본 분은 알겠지만 적지 않은 W 자 모양이 실패로 돌아갑니다. 변동성이 심해서 나가떨어지는 경우가 대부분이기 때문입니다. 그래서 W 패턴을 매매할 때는 형성 기간과 거래량의 변화를 유심히 살펴야 합니다. 두 번째 다리Second Leg가 전 저점을 하회Under Cut할 수도 있고 안 할 수도 있는데, 둘 중에서는 전 저점을 하회하는 것이 더 좋습니다. 왜냐하면 저 같은 심약한 트레이더들뿐만 아니라 관심 종목에 넣고 모니터링하던 트레이더들까지 떨구기 때문입니다. 보통 50일선 아래로 주가가 떨어지면 Cup with Handle을 노렸던 다수의 투자자가 관심 종목에서 해당 종목을 삭제합니다. 이건 정말 놀라운 이점이죠! 이래서 성공시킨 예가 극히 드문 겁니다.

성공시키기 위해서는 펀더멘털이 좋은 종목의 경우 차트가 무너져도 모니터링을 계속해야 합니다. 윌리엄 오닐은 다음과 같이 말했습니다. "누구나 볼 수 있는 것은 성공하기 어렵다What is obvious seldom works out." 이를 "명심해

라. 지금 노리고 있는 최소 저항선을 너 혼자만 보고 있다고 착각하지 마라"라고 해석할 수 있습니다. 내가 보는 것은 다른 사람도 보기 때문에 Crowded Trade(한두 기관의 대형 자금들이 매수를 하는 것이 아니라, 개인 투자자들이 소규모 자금으로 여기저기 매매를 하는 지점)로 인한 변동성이 커진다는 거죠.

이제 차트를 통한 예를 들여다보겠습니다.

● 그림 4-122 메가스터디교육 일간 차트(2020.06~2021.03)

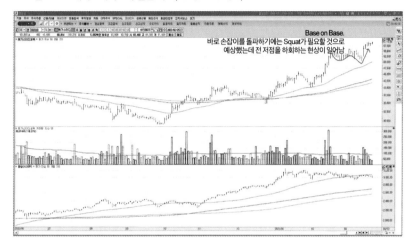

● 그림 4-123 한화에어로스페이스 일간 차트(2020.07~2021.05)

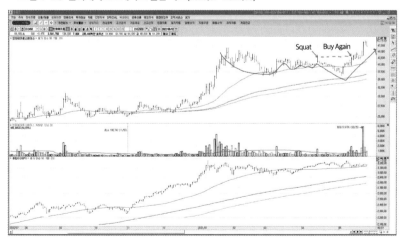

Squat는 첫 번째 매수 포인트 실패 지점을 뜻합니다. Squat는 추후 새로운 돌파매매 지점이 되는데, 이와 관련해서는 뒤에서 설명하겠습니다.

리베이싱과 스쿼트

앞서도 말했지만 누구나 보고 있는 매수 지점은 실패하는 경우가 많습니다. 기술적 분석의 패턴들은 지난 수백 년 동안 주가 급등 전에 공통적으로 보이던 것들을 형상화한 것입니다. 즉 차트를 오랫동안 연구한 투자자라면 어디서 급등할 것인지를 알고 있다는 겁니다. 때문에 역설적으로 이렇게 많은 투자자가 매수 주문을 걸어 놓는 지점은 실패할 확률이 높습니다.

탑 트레이더들의 돌파매매 성공률이 40~50%인 걸 보면 우리가 매수한 종목의 절반은 돌파에 실패한다고 볼 수 있습니다. 즉 돌파매매가 실패로 돌아갈 확률이 굉장히 높습니다. 그렇다고 한 번 돌파를 실패한 종목을 홧김에 관심 종목에서 지워 버리면 안 됩니다. 돌파 실패 이후 새롭게 베이스를 형성한 종목은 돌파성공률이 더욱 높아지기 때문입니다. 이것은 흔히 Shakeout, 흔들기라고 하죠.

● 그림 4-124 AMD 일간 차트(2019.10~2020.07)

[그림 4-124]에서 6월 10일에 W 패턴을 발견하고 매수했다면 돌파 후 되돌림 현상을 맞이했을 겁니다. 하지만 매수 실패 후 AMD의 차트를 보면 약 한 달간 새롭게 베이스를 만드는 리베이싱$_{Rebasing}$을 한다는 걸 확인할 수 있습니다. 리베이싱 후 변동성이 급감하는 시기인 2020년 7월 22일에 좋은 매수 포인트가 형성됩니다.

● 그림 4-125 현대미포조선 일간 차트(2021.11~2022.08)

비슷한 현상이 현대미포조선에서도 발생됩니다.

● 그림 4-126 주성엔지니어링 일간 차트(2021.05~2022.02)

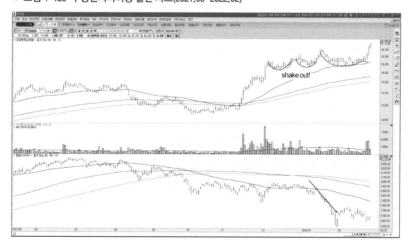

주성엔지니어링은 두 번의 리베이싱을 통해 심약한 투자자들을 털어 낸 다음 세 번째 베이스에서 Low Cheat을 성공시킵니다. 이렇듯 리베이싱은 돌 파 전 심약한 투자자들을 떨구는 역할을 합니다.

그럼 스쿼트Squat는 무엇일까요? 스쿼트는 마크 미너비니가 고안해 낸 용 어로 헬스장에서 사용하는 용어에서 착안한 것입니다. 돌파할 것처럼 일어 섰다가 주저앉는 스쿼트 운동처럼 돌파를 시도했다가 실패하는 포인트를 스 쿼트라고 합니다. 지지선과 저항선은 투자자들의 기억 때문에 생기는 것이 고, 기술적 분석은 투자자들의 기억을 분석하는 것이라고 말할 수 있습니다. 그 점은 기관 투자자들도 마찬가지이고요. 돌파를 실패했던 포인트는 시간 이 지나면서 조건이 맞게 되면 해당 가격에서 재돌파할 가능성이 높습니다. [그림 4-127]을 보면 돌파를 실패한 지점을 시간이 지난 후 재돌파하는 것을 볼 수가 있죠.

● 그림 4-127 LG이노텍 주간 차트(2019.01~2021.02)

● 그림 4-128 현대로템 일간 차트(2022.03~2022.08)

Chapter

5

돌파매매의
핵심 원칙

마켓 타이밍

마크 미너비니의 점진적 베팅 전략

대부분 투자자가 가장 알고 싶어 하는 것이 마켓 타이밍입니다. 시장이 오를지 내릴지, 즉 지금이 바닥인지 아니면 고점인지를 알고자 열망하기 때문입니다. 유튜브 주식 채널에서 거의 모든 주식 전문가가 앞으로의 시장을 예측하는 것도 이와 연관되어 있습니다. 대중이 원하는 바를 알고 있기 때문이죠. 그래서 전문가들은 계속해서 예측합니다. 문제는 시장의 등락을 일관되게 맞히는 전문가가 없다는 데 있습니다.

저는 시장의 등락을 예측하는 건 매우 어렵기 때문에 맞힐 수 없는 시장에 연연하지 말고, 대신 장기 투자했을 때 우상향할 수 있는, 해자를 가진 기업을 고르는 데 집중하라고 말합니다. 많은 투자자가 호황장에만 투자하고 불황장에는 현금화시키는 행위를 할 수 없다고, 즉 시장이 하락에 접어들었을 때 시장에서 빠져나올 수 있는 사람은 없다는 성급한 일반화의 오류를 범합니다. 하지만 아닙니다. 우리는 오늘의 시장 등락을 예측하지 않고도 호

● 그림 5-1 KOSPI 일간 차트(2021.04~2021.10)

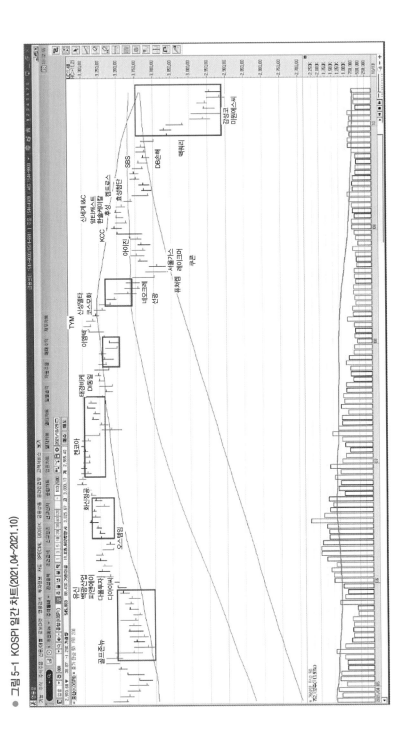

168

황장에서만 플레이하고 불황장이 오면 손실 없이 빠져나갈 수 있습니다. Toe in the Water, 지금부터 발가락만 물에 살짝 담가 보는 전략을 배워 보겠습니다.

2021년 4월부터 10월까지의 KOSPI 일간 차트입니다. 텍스트 박스 안에 적힌 종목들은 실제로 매수한 것입니다.

파란색 박스가 그려진 기간은 돌파매매의 성공률이 낮은 구간입니다. 이 구간에서의 매매는 당연히 피하거나 매우 적은 금액으로 해야겠죠. 그림을 보면 알겠지만 지난 6개월의 절반에 가까운 기간(40%)을 현금을 보유한 채 기다려야 한다는 것을 알 수 있습니다.

● 그림 5-2 KOSPI 일간 차트

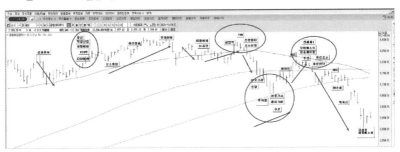

빨간색 원은 투자자가 집중적으로 매매해야 하는 구간을 뜻합니다. 이 구간들의 특징은 지수가 5~10%의 조정 기간을 가진 뒤 막 반등하는 시기입니다. 이를 통해 우리는 파란색 박스 구간에서는 최대한 현금을 보유했다가 빨간색 원 구간에서만 집중적으로 매매해야 함을 알 수 있습니다.

그렇다면 매매 시기는 어떻게 가늠할 수 있을까요? 이는 마크 미너비니의 점진적 베팅Progressive Exposure을 통해 알 수 있습니다. 지금까지의 설명이 어렵거나 이해되지 않는다고 해도 전혀 염려할 필요가 없습니다. 점진적 베팅은 따라 하기 쉽기 때문입니다. 점진적 베팅은 크게 세 단계로 설명할 수 있습니다.

Step 1

최소한의 금액으로 매매해 봅니다. 이때 지수가 하루아침에 3% 급락하든, 외국인들이 20일 연속 매도하든, 어떠한 외부 정보가 들어왔든 철저히 무시합니다. 이때는 잃었을 때 조금의 정신적 데미지도 없을 정도의 금액을 투자해야 합니다. 그렇게 3, 4번 매매해 봅니다. 저는 보통 전체 자산의 2.5~5%를 추천합니다. 누군가는 이 금액도 정신적 데미지가 있을 테니 그보다 적게 해도 물론 괜찮습니다. 저 역시 지속적으로 돌파매매가 실패하는 장이면 0.5%의 극히 소액으로 매매합니다.

Step 2

몇 번의 소액 매매 결과가 만족스럽지 않다면 베팅 금액을 증액하지 않거나 더 줄이십시오. 그러다 매매 결과가 좋아지면 서서히 베팅 금액을 올리세요.

Step 3

매매 결과가 좋아졌다면 매매 리듬을 타면서 수익이 축적되었을 겁니다. 이를 저는 수익 쿠션이라고 부르겠습니다. 수익 쿠션이 생기면 다음의 계산법으로 베팅액을 정해 보는 겁니다.

> **수익 쿠션 ÷ 손절 퍼센티지 ÷ 일일 평균 매수체결 횟수 = 베팅액**

한 예로 A라는 사람에게 100만 원의 수익이 생겼습니다. A는 손절 퍼센티지를 -3%로, 일 평균 매매체결 횟수를 2회로 설정했습니다. 최근 승률은 50%였습니다. 앞의 계산법으로 베팅액을 산정해 보니 16,666.666원이라는 금액이 나왔습니다(1,000,000원÷3%÷2). 그렇다면 기대 수익은 얼마일까요? 두 건의 매매가 체결되었고 50%의 승률로 한 건은 손절을, 한 건을 25%의 수익을 거뒀습니다. 손절한 금액은 500원이고, 수익을 본 금액은 4,166.666원입니다. 결과적으로 총 3,666.666원의 수익이 발생했습니다.

항상 매매가 잘될 수만은 없습니다. 평소 승률이 50%인데 하필 이날은 운이 없어서 매매한 종목 전부를 손절할 수도 있습니다. 이때의 손실 금액은 1,000원에 한정됩니다. 즉 최악의 경우에도 손실이 크지 않습니다. 만약 이러한 상황이 발생한다면 다시 소액 베팅으로 돌아가야 합니다. 그렇게 다시 결과가 좋아지면 베팅액을 늘리고, 다시 안 좋다면 금액을 줄이기를 반복해야 합니다. 점진적 베팅은 투자자들의 개성과 성향에 따라 다양하게 응용될 수 있습니다.

티끌 모아 티끌,
왜 점진적 베팅을 사용해야 하는가?

시장은 95%의 투자자가 번 돈을 반납하도록 설계되어 있습니다. 그러므로 우리는 늘 명심해야 합니다.

'벌 때 크게 벌고, 잃을 때 적게 잃어야 한다.'

투자의 천재라고 불리는 손정의 회장의 승률은 얼마일까요? 50%입니다. 가령 손정의 회장만큼의 승률을 가진 일반인이 매번 똑같은 금액으로 시장에 베팅한다고 합시다. 그 결과는 잘해야 본전이고, 대부분은 손실이 날 겁니다.

그러므로 우리는 내가 번 기간만큼, 아니 때로는 내가 번 기간보다 더 오랜 기간 동안 손실이 날 수 있음을 수시로 생각해야 합니다. 지금 수익이 나서 좋을 수도 있지만, 나중에 보면 다 부질 없는 일입니다. 시간이 흐를수록 95%의 투자자가 번 돈은 자연스럽게 시장에 반납할 것이기 때문입니다. 주식 투자에서는 제2의 테슬라를 고르는 안목과 매크로, 거시경제지표, 재무제표, 기술적 분석보다 어떻게 하면 내게 호의적인 확률로 매매를 세팅하는지가 중요합니다.

니콜라스 다바스는 직전의 매매 Diners' club의 수익으로 그의 인생 수익 El Bruce 매매의 리스크를 헤징했습니다. 그리고 그 한 번의 매매 성공으로 직전 매매들의 수익의 합의 9배를 벌었습니다.

Sell into Strength를 이용한 수익 실현

시장의 등락은 예측이 불가능하기 때문에 우리는 적극적으로 수익을 실현해야 합니다. 적극적으로 수익을 실현하면 시장의 갑작스러운 하락에도 상승장 때 벌었던 수익을 지킬 수 있습니다.

이는 전미투자대회 우승자들이 즐겨 쓰는 전략이기도 합니다. 주가가 상승할 때 분할 매도를 통해서 수익을 확정시키는 것이죠. 이를 Sell into Strength라고 합니다. 이 방식은 여러 장점을 가지고 있는데요. 크게 세 가지로 이야기할 수 있습니다.

● 그림 5-3 Sell into Strength 전략

(A) 어렵게 얻은 수익을 일부분 미리 확정하면 다음 날 시장이 급락해도 손실은 매우 한정적이게 됩니다.

(B) 3, 4번에 걸쳐 분할 매도를 한 뒤 1/3 또는 1/4의 포지션만 남겨 두고 2차, 3차 상승을 대비한 수익 쿠션으로 활용하는 방식입니다. 이러면 2, 3차 상승 시 위험성은 전혀 없고 베팅은 크게 할 수 있는 전략을 실행할 수 있습니다.

(C) 이런 식으로 원칙을 지킬 경우 시장이 상승기를 이어 갈 때 지속적으로 베팅을 크게 하여 상승기를 향유할 수 있게 됩니다. 시장이 하락장으로 반전되었을 때도 수익의 대부분을 지키고 손실은 최소화할 수 있습니다. 즉 자연스럽게 호황장에서만 플레이하고, 하락장에서는 현금을 주로 보유하는 전략을 쓸 수 있게 됩니다.

Sell into Strength 패턴을 차트에서 찾아보겠습니다.

● 그림 5-4 현대미포조선 일간 차트(2021.12~2022.09)

● 그림 5-5 이수화학 일간 차트(2021.10~2022.10)

Ascending Base는 Base on Base on Base라고 생각하면 됩니다. Base on Base가 두 개의 베이스로 이뤄져 있다면 Ascending Base는 3개의 베이스로 이뤄진 것이죠.

시장 노출을 최대한 줄여라(현금 보유 기간을 늘려라)

연 수익 29,233%라는 믿을 수 없는 기록을 가진 댄 쟁거라는 투자자가 있다는 소문에 월스트리트가 술렁거렸습니다. 다바스와 같이 댄 쟁거도 혹독한 계좌 검증을 거쳐야만 했고, 결과적으로 사실임이 입증되었습니다. 이후의 이야기는 너무도 뻔합니다. CNBC를 포함한 다수의 매체에서 그를 취재하기 위해 서로 경합을 벌였습니다.

역사상 가장 뛰어난 성과를 올린 그에게 어떻게 2년 만에 30,000%에 가까운 수익을 성취했느냐고 묻자 그는 모두의 예상을 뒤엎고 이런 답변을 내놓았습니다.

"최대한 시장에서 매매하는 시간을 줄이는 것입니다."

기술적 분석을 하는 투자자들은 대개 매매를 왕성하게 해서 빨리 수익을 축적시켜야 한다고 착각합니다. 하지만 그렇지 않습니다. 요즘 월스트리트에서 가장 두각을 나타내는 투자자인 마크 미너비니는 그가 1997년 전미투자대회를 우승했을 때의 비결로 댄 쟁거와 같은 의견을 내놓았습니다.

"제가 전미투자대회를 우승할 수 있었던 이유는 최대한 시장 노출을 줄이려고 했기 때문입니다. 전미투자대회가 열렸던 1997년에 저는 1년의 절반가량 동안 현금을 보유하고 있었습니다."

이를 통해 우리는 시장에서 기술적 분석, 돌파매매가 먹히는 기간은 매우 제한적이라는 사실을 알 수 있습니다. 그렇기 때문에 우리는 대부분의 기간 동안 현금을 보유했다가 돌파매매가 먹히는 시기에 집중적으로 매매해야 합니다. 기술적 분석을 공부하다가 중간에 포기하는 투자자는 대체로 이런 전제—기술적 분석이 먹히는 기간은 한정되어 있다—를 깨닫지 못합니다.

매매 시기에 대해서는 앞서 다룬 바 있습니다. 바로 Toe in the Water를 이용하는 것입니다. 그렇다면 왜 점진적으로 베팅을 늘려야 할까요? 이는 개인 투자자들의 성향과 관련이 있습니다.

대부분의 개인 투자자는 하락장의 위험을 잘 모릅니다. 그래서 하락이 가파른 시기임에도 본인이 생각하기에 저렴하다 싶으면 매수합니다. 가장 손실이 클 수 있는 위험한 방식이지만, 여전히 많은 투자자가 선호하는 방식이기도 합니다. 기관 투자자들은 개인 투자자들과 달리 바닥을 확인한 후 매수합니다. 특히 반등 후 횡보박스권에서는 두드려 맞을 대로 맞은 저PER 우량주를 사려는 기관 투자자들의 매수세를 확인할 수 있습니다. 하지만 이때가 매수 타이밍은 아닙니다. 여전히 시장이 하락할 여지가 있기 때문입니다.

제시 리버모어는 단순히 바닥이 다져진 것만을 확인하고 저가 매수하지 않았습니다. 그는 반드시 반등을 확인하고 매수를 시도했습니다. 조급함은 버리고, 여유롭게 바닥과 반등을 확인하십시오. 그리고 매수해도 늦지 않습니다.

● 그림 5-7 KOSPI 일간 차트(2021.12~2022.10) 1

● 그림 5-8 KOSPI 일간 차트(2021.12~2022.10) 2

종목 선정

> "선도하는 업종의 선도주를 투자해서 돈을 벌지 못한다면, 다른 어떤 종목을 사도 돈을 벌지 못할 것이다."
>
> _ 제시 리버모어

다바스에게 배우는 종목 선정 방식

흔히 니콜라스 다바스의 『나는 주식투자로 250만불을 벌었다』를 온갖 난관에도 굴하지 않는 한 댄서의 정신 승리로 치부하는 경향이 있습니다. 하지만 세계 최고의 투자자 중 하나인 마크 미너비니, 데이비드 라이언 그리고 윌리엄 오닐까지 이 책을 필독서로 추천하는 데는 그만한 이유가 있습니다. 이 책은 추세추종 매매의 정수, 즉 핵심 기술로 채워진 실질적이고 바로 적용이 가능한 기술적 분석의 교과서입니다.

다바스는 자신의 저서 『박스이론』에서 시장에 대해 다음과 같이 언급했습니다.

'주식시장은 단지 거대한 도박장에 불과하며, 한쪽에는 딜러가 있고, 다른 쪽에는 승자와 바보가 있다. (…) 주식시장은 합리적이고 논리적인 사고에 따른 메커니즘에 의해 돌아가지 않는다. 시장은 매우 감정적이고 변덕스러운 조울증 환자 같다. 시장은 수백만 명의 사람들의 희망, 두려움, 탐욕, 공황에 의해 움직인다.'

또한 같은 책에서 '주식시장은 살아 있고 숨쉬는, 끊임없이 변화하고 적응하는 유기체이며, 새로운 상황과 조건에 맞게 진화하고 적응한다. 시장은 사건, 뉴스, 소문, 기대, 대중의 심리, 기분에 의해 움직인다. 시장은 수요와 공급의 법칙뿐만 아니라 인간 본성의 법칙에도 따른다'라고 썼습니다. 이런 관점에서 다바스가 오늘날 활동했다면 아마 다음과 같이 기술하지 않았을까요?

"주식시장은 마치 여성들의 옷차림처럼 유행에 민감하다. 스커트의 길이가 짧은 게 유행일 때가 있고, 긴 롱 스커트가 유행일 때가 있다. 주식시장에서 돈을 벌려면 이처럼 패셔너블한 종목을 발굴하는 게 중요하다. 시장의 수급이 몰리는 새로운 섹터, 신성장 산업에 집중하고, 이제 한물간 옛 명성의 기업들에 설거지당하지 마라."

이 말은 기존의 고정관념을 뒤흔들기에 충분합니다. 흔히 우리는 종목 선정과 기업 분석을 할 때 해당 회사에서 어떤 상품이 나오는지에 대해 집착을 하기 때문이죠. 다바스의 말을 저는 이렇게 인용해 보고자 합니다.

"나는 투자하려는 기업에서 어떤 상품을 만드는지에 전혀 관심이 없어. 그게 로켓 재료로 쓰이는 철이든 연료든 전장이든 그건 중요하지 않아."

그는 투자 대상 회사에서 무슨 상품을 만드는지는 그 회사의 CEO의 부인이 미인인지 아닌지를 따지는 것만큼 쓸데없다고 했습니다. 그럼 종목을 선정할 때 무엇을 봐야 할까요? 다음 두 가지입니다.

(A) 내가 투자하려는 회사가 새롭게 도약하는 신성장 사업에 속하고 있는가?

(B) 시장의 평가 역시 나의 판단에 동의를 하는가, 즉 가격도 그만큼 상승했는가?

그의 조언은 그동안 우리가 시장에서 진리라고 믿어 왔던 원칙 그리고 전문가들이 강조하는 점과 하나도 일치하지 않습니다. 오히려 그 반대죠. 그런데 말입니다. 우리가 동경하는 투자의 거장들과 구루, 전문가들 중에서 그의 퍼포먼스를 흉내라도 내는 사람이 과연 몇 명이나 될까요? 그와 같은 슈퍼 퍼포먼스가 목표라면 기존의 방식과 고정관념을 버려야 합니다.

스탠 와인스타인으로부터 배우는 스크리닝 팁

"그럼 어떤 산업을 선택해서 투자해야 하지?" 하는 질문에 스탠 와인스타인은 "펀더멘털을 봐서는 절대 안 돼!"라고 답합니다. 그는 덧붙여 다음의 말을 건넵니다.

"1982년에는 모바일 홈그룹이 어닝이 엉망임에도 불구하고 1983년까지 주가가 고공행진을 했어. 1981년에는 유가가 공급 부족으로 인해 100불까지 치솟을 거라는 보고서들이 쏟아져 나왔는데, 차트는 완전히 다른 이야기를 하고 있더라고. 오일주들과 오일산업 그룹주들의 차트 모양이 고점을 찍었거든. 전문가들의 긍정적인 분석을 듣는 대신 수익을 확정시켰어야 했을 시기였어. 결국 차트에서 알려 주는 위험신호를 무시하고 전문가들의 보고서를 들은 투자자들은 오일그룹에 속한 모든 종목의 주가가 향후 몇 년간 계속해서 무너지는 것을 넋 놓고 바라볼 수밖에 없었을 거야."

전미투자대회 우승자들이 꼽는 책은 대체로 거기서 거기입니다. 마크 미너비니의 『초수익 성장주 투자』와 『챔피언처럼 거래하고 생각하라 Think & Trade Like a Champion』 그리고 윌리엄 오닐의 『최고의 주식 최적의 타이밍』이죠. 반면 스탠 와인스타인의 책은 언급이 되지 않습니다. 하지만 스탠 와인스타인은 마크 미너비니에게 단계 분석을 가르쳐 준 스승이자 대부분의 하락장을 기가 막히게 맞혀 온 테크니션입니다. 그의 책에는 마크 미너비니, 윌리엄 오닐의 책에서는 깊이 다루지 않는, 고유의 통찰력이 살아 있는 파트가 있습니다. 그것은 바로 어느 산업에 속한 종목을 선택하느냐입니다. 그의 말에 힌트가 있습니다.

"어느 날 나는 철강 산업에 속한 거의 모든 종목이 완벽한 피봇 포인트를 만들고 있는 것을 발견했다. 어떻게 이 산업에 속한 거의 모든 종목이 이렇게 Bullish할 수 있지? 나는 이것을 완벽한 매수 기회라고 생각하고 철강 산업에 속한 종목들이 돌파를 성공할 때마다 샀다. 그해는 내 투자 인생에서 가장 빛난 한 해가 되어 버렸다."

기존의 상식을 뒤엎는 산업 선정, 즉 펀더멘털을 아예 무시하라는 스탠은 더 나아가, 펀더멘털 트랩Fundamental Trap을 조심하라고까지 말합니다.

지금 글을 쓰는 2022년 10월 1일, 2008년 이후로 분기의 연속적인 하락이 가장 긴 이 무시무시한 하락장은 펀더멘털 트랩에 가장 당하기 쉬운 시기입니다. 그동안 사고 싶었던 거의 모든 종목이 너무나 저렴해 보이는 시기이기 때문이죠.

숲이 아니라 나무를 볼 것

기존의 주도주 선정 방법은 먼저 어떤 산업, 그룹, 섹터가 단체로 좋은 성과를 내는지를 확인하고 그 안에 속한 종목 중 주도주를 선택하는 것입니다. 하지만 이 방식에는 문제점이 하나 있습니다. 그룹 액션을 확인하는 순간 이미 주도주들은 1차 상승을 마쳤을 것이기 때문입니다. 이 말인즉슨 이미 1차

베이스에서 충분히 상승했기 때문에 2차 베이스를 만들 때까지 기다려야 합니다.

1차 베이스 때 주도주를 미리 관심 종목에 올려놓고 피봇 포인트를 돌파할 때 살 수는 없을까 궁금할 겁니다. 만약 그러고자 한다면 산업, 그룹, 섹터가 아닌 개별 종목을 먼저 봐야 합니다. 주도주는 말 그대로 '주도'하는 종목입니다. 주도주는 해당 종목이 속한 산업에서 더 나아가 시장을 주도합니다. 산업과 시장이 움직이기 전에 신고가를 기록하는 주도주가 출현한다는 이야기입니다.

50일 신고가를 이용한 종목 분석

주도주는 '50일 신고가'를 이용해 찾을 수 있습니다. 보통 52주 신고가 종목을 애용할 텐데요. 제 경험상 52주 신고가를 검색하면 주도주를 놓치는 일이 빈번했습니다. 왜냐하면 한 번 신고가를 갱신하면 신고가 사각지대에 머물 가능성이 있어 눈에 띄지 않을 수 있기 때문입니다. 그래서 저는 50일 신고가를 매일 검색하고 업데이트합니다. 50일 신고가로 검색하고부터 놓치는 횟수가 현저하게 감소했습니다.

50일 신고가를 검색하는 방법은 다음과 같습니다.

● 그림 5-9 50일 신고가 검색하는 법 1

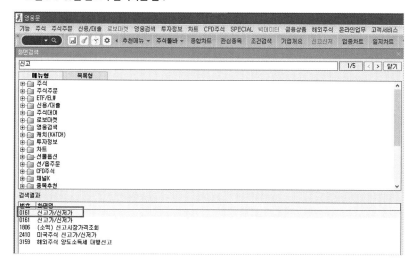

먼저 키움 화면 검색에 '0161' 신고가/신저가를 선택(더블 클릭)한 후

● 그림 5-10 50일 신고가 검색하는 법 2

250일 체크를 해제하고, 기간입력 창에 '50'을 입력한 후 조회 버튼 클릭합니다.

● 그림 5-11 50일 신고가 검색하는 법 3

종목명	현재가	전일대비	등락률	거래량	전일거래량대비	매도호가	매수호가	50일 고가	50일 저가
GRT	1,240 ▼	5	-0.40	623,469	275.91%	1,245	1,240	1,305	1,125
OL	71,300 ▲	400	+0.56	180,673	76.88%	71,400	71,300	73,000	58,100
현대약품	5,730 ▲	1,175	+25.80	22,160,218	2,768.55%	5,730	5,720	5,910	3,780
롯데지주	37,600 ▲	300	+0.80	224,041	92.28%	37,650	37,600	38,250	32,500
에스엘	31,250 ▼	150	-0.48	251,367	72.49%	31,300	31,250	33,000	24,500
제룡전기	6,930 ▲	70	+1.02	486,036	86.97%	6,930	6,920	7,060	4,930
희림	8,780 ▼	90	-1.01	11,345,280	38.83%	8,790	8,780	9,690	4,970
유신	29,400 ▲	3,750	+14.62	4,071,469	431.44%	29,400	29,350	32,400	17,300
동운아나텍	8,660 ▲	470	+5.74	1,318,880	196.04%	8,660	8,650	8,810	5,280
KODEX 차이나H	17,725 ▼	320	-1.77	8,430	62.99%	17,800	17,725	18,310	14,850

조회되면 다음 버튼을 여러 번 눌러 더 많은 데이터를 끌어 옵니다. 다음 버튼이 비활성화될 때까지 클릭해 줘야 합니다. 이후 신고가 종목들의 주간 차트를 하나하나 살펴보면서 관심 종목에 배치하면 끝입니다.

여기서 제일 먼저 보이는 GRT의 주간 차트부터 볼까요?

● 그림 5-12 GRT 주간 차트(2018~2022)

지수 대비 확연하게 하락세인 것을 확인할 수 있습니다. 최근 50일 동안에 주가가 상승했지만 매물대에 막혀 주가 상승이 오랫동안 요원해 보입니다.

즉 패스해야 합니다.

● 그림 5-13 에스엘 주간 차트(2018~2022) 1

● 그림 5-14 에스엘 주간 차트(2018~2022) 2

　　다음은 에스엘입니다. 저는 이 종목을 관심 종목으로 넣었습니다. 그 이유
는 KOSPI 지수가 코로나 급락장 이후 120% 상승하는 동안 무려 413%나
상승했으며(4배에 가까운 상대 강도), 2022년 3월부터 지수가 급락하는데도 불

구하고 시장을 거스르면서 상승(다음 주도주의 특징)했기 때문입니다. 또한 52주 신고가에서 25% 이내에 위치했습니다(15%).

업종 내 그룹 액션 분석

그렇다면 에스엘이 속한 섹터의 그룹 액션_{Industry Action}은 어떠한지 살펴보겠습니다. 저는 네이버 종목 분석 리포트를 선호합니다만, 각자의 입맛에 따라 다른 소스를 사용해도 괜찮습니다.

리포트를 읽을 때 중요한 점은 열심히 리포트를 써 주신 애널리스트분들께는 죄송하지만 목표 주가, 재무제표, 시장 상황 같은 불필요한 정보는 읽지 말고 과감하게 넘어가야 합니다. 우리가 알아야 할 것은 이 종목이 어떤 산업, 어떤 섹터에 속하느냐입니다.

이 회사는 자동차 부품(램프)을 공급하는 회사입니다. 동일 업종에 속한 경쟁사들의 주가는 어떨까요? 당시에는 자동차 업종에 속한 종목들의 주가가 대부분 형편없었습니다. 우리의 고민은 여기서부터 시작됩니다. '기술적으로는 흠잡을 데가 없는데 이 산업에 속한 다른 종목들의 그룹 액션은 좋지 않네…'

이럴 땐 어떻게 해야 할까요? 과감히 관심 종목에서 지워야 합니다. 우리의 목표는 모든 위너를 매수하는 것이 아니니까요. 오히려 최고의 산업에 속한, 최고의 선도주에만 집중해야 합니다.

에스엘은 자동차 램프를 생산하는 기업으로, 현대차의 전기차 판매 대수가 늘수록 수익이 나는 시스템입니다. 다만 이 글을 쓸 때는 전기차 관련 섹터가 잘나가다가 한꺼번에 무너진 시점이기 때문에 관심 종목으로 올바르지 않았습니다.

사실 제가 글을 쓰는 시점은 시장의 하락세가 너무 강력해서 좋은 예제를 찾아보기가 힘들었습니다. 월스트리트 역사상 50년 만에 가장 크게 하락한 장이기도 하니까요. 그럼 과거의 자료를 찾아볼까요?

세아제강지주는 주간 차트로 2021년 6월 14일, 7주짜리 살 만한 베이스를 만듭니다. 종목을 매수하기 전에 속해 있는 섹터의 그룹 액션을 확인해야 합니다. 보는 바와 같이 세아제강지주가 속한 철강 그룹 ETF는 지수보다 상승률이 좋습니다. 여기서 한 가지 팁을 더 드리면, 2021년 3월부터는 지수 대비 상승률이 더 강력해지는 것을 알 수 있습니다. 단기 상대강도 지수의 강력한 상승이 매수하기 좋은 시기임을 암시해 줍니다.

● 그림 5-15 세아제강지주 주간 차트(2018.08~2021.06)

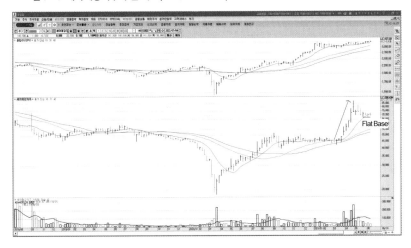

● 그림 5-16 KODEX 철강 주간 차트(2017~2021)

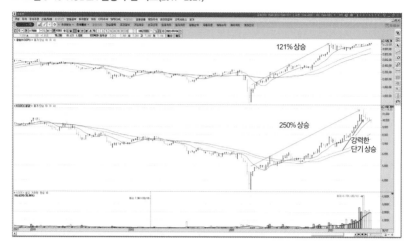

그럼 이 업종에 속한 다른 개별 종목들을 살펴볼까요?

● 그림 5-17 하이스틸 주간 차트(2018~2021)

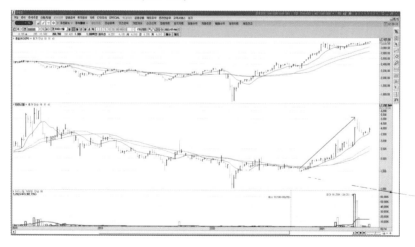

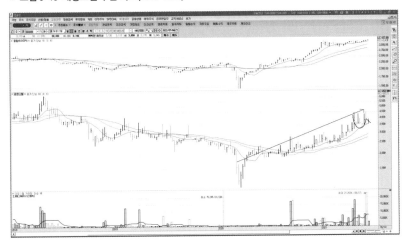

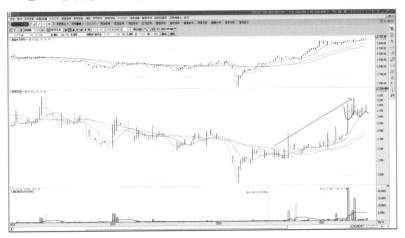

철강 섹터 내 주도주들 모두 강력한 상승세와 살 만한 베이스를 형성하는 것을 알 수 있습니다. 이렇듯 사려는 주식이 시장 대비 강력한 상승 추세와 살 만한 셋업을 형성하고, 속해 있는 산업(섹터)이 지수 대비 좋은 상승세를 보일 때 이와 같이 그룹 액션을 확인한 후에 매수하면 좋습니다.

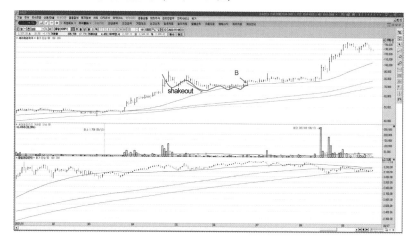

2022년 6월 27일에 만약 산업 분석을 무시하고 에스엘을 샀다면 어떤 결과가 있었을까요? 실패했을 겁니다. 반면 그로부터 약 두 달 후인 8월 17일에 자동차부품 섹터들의 그룹 액션을 확인한 후에 매수했다면 괜찮은 수익률을 거둘 수 있었을 겁니다.

이렇듯 매수할 지점의 패턴 모양뿐 아니라 당시 그룹 액션의 유무를 파악하고 매수하면 돌파성공률을 높일 수 있습니다.

● 그림 5-21 에스엘 일간 차트(2021.12~2022.09)

주도주 검색의 함정

주도주 검색에는 함정이 있습니다. 이 함정 때문에 많은 투자자가 주도 섹터 파악에 실패하곤 하죠. 그 원인으로 크게 세 가지를 들 수 있습니다.

1. Top Bottom Approach

주도 업종을 먼저 보고 그 안에서 주도주를 찾을 때 그렇습니다. 이와 관련해서는 마크 미너비니의 말을 빌리는 게 빠를 것 같습니다.

"주도주란 말 그대로 주도한다는 이야기야. 즉 주도주가 돌파에 성공하면 다른 종목들도 따라오기 마련이지. 그런데 대중은 반대로 업종 안에서 주도주를 파악하려고 해. 그렇게 해당 업종이 주도 업종이라고 판명나고 나면, 주도주는 이미 한참 상승을 마친 상태이지."

이에 대한 해결책은 신고가를 갱신하는 종목의 리스트를 살피는 것입니다. 이는 앞서 '50일 신고가'로 설명드렸습니다. 여기에 덧붙여 이 종목이 탄탄한 베이스를 만들고 있다면, 같은 업종의 신고가를 갱신하는 종목이 있는지를 파악하고 그룹화해야 합니다.

2. Losers Buy Losers

주도주는 주도 업종에서도 가장 많이 상승한 종목인 경우가 많습니다. 그래서 심리상 적지 않은 투자자가 주도 업종에서 덜 오른 종목을 사려고 합니다. 하지만 한 번 오르는 종목은 계속 오르려는 동력을 갖고 있습니다. 주도 섹터 안에서도 가장 강력한 상승세를 보이는 종목이 베이스를 형성한다면 그때를 매수 지점으로 봐야 합니다.

3. 기간 대비 상승률로 주도 업종을 파악하기

기간 대비 상승률의 경우 수치의 마법에 현혹되기 쉽습니다. KOSDAQ 40일을 기준으로 상승률을 보면 오락과 문화 분야의 상승세가 두드러집니다. 그중 하나인 키이스트의 차트를 보면 확연한 하락세에 이동평균선은 역배열이며, 200일선 아래에서 가격이 형성되어 있습니다. 이런 종목은 절대 사면 안 되고, 이런 종목이 많은 업종은 피해야 합니다.

● 그림 5-22 오락과 문화 분야

업종	현재가	기간대비	40일등락률	40일거래대금	개인	외국인	기관계	기타법인
운송장비/부품	8,751.31 ▲	1,093.59	+19.33%	74,680	-50	-5	117	-63
오락,문화	638.93 ▲	85.76	+15.50%	66,854	-362	-689	1,278	-32
금속	2,305.74 ▲	307.84	+15.41%	103,784	-669	857	-135	-56
화학	2,958.19 ▲	380.09	+14.74%	138,088	402	370	-438	-362
출판/매체복제	3,500.01 ▲	421.43	+13.89%	20,083	226	-190	-39	16
IT 부품	1,209.85 ▲	118.85	+10.89%	217,144	-332	-12	527	-222
정보기기	12.82 ▲	1.15	+9.85%	11,693	95	-34	19	-80
디지털컨텐츠	1,249.23 ▲	110.47	+9.70%	123,956	763	-374	-244	-145
통신서비스	762.82 ▲	65.63	+9.41%	31,101	124	-139	-33	46
제조	2,667.02 ▲	211.51	+8.61%	1,173,448	4,153	1,216	-3,677	-1,622
종이/목재	15,358.58 ▲	1,218.04	+8.61%	4,881	-42	-48	41	44
일반전기전자	1,295.63 ▲	102.14	+8.56%	166,710	-145	750	-407	-160
통신장비	156.31 ▲	12.33	+8.56%	52,485	594	-171	-6	-410
운송	7,395.83 ▲	568.87	+8.33%	9,845	-62	2	76	-15

● 그림 5-23 키이스트 주간 차트(2018~2022)

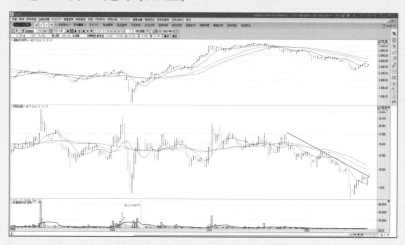

투기꾼 떨구기, RS shakeout

앞서 흔들기가 선행되면 사려는 종목이 피봇 포인트를 돌파할 확률이 더 높아진다고 설명했습니다. 이는 수요와 공급의 역학 측면에서 설명할 수 있습니다. 주가가 상승하는 데 있어서 방해 요소는 단기 차익을 노리는 투기적 성향의 투자자들입니다. 흔들기는 이들을 매도로 유도하는, 즉 떨구는 것을 말합니다.

일시적인 지수 대비 약세를 뜻하는 RS_Relative Strength shakeout 역시 같은 맥락에서 설명할 수 있습니다. 세아제강지주를 예로 들겠습니다.

● 그림 5-24 세아제강지주 주간 차트(2017~2021)

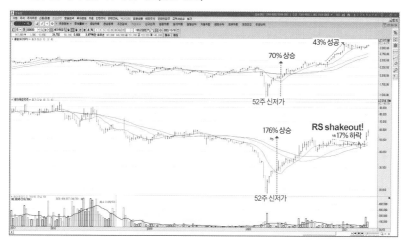

세아제강지주를 관심 종목에 넣은 이유는 다음의 이유 때문입니다. 지수 대비 강력한 상승 추세를 타던 종목의 주가가 갑자기 상승 추세를 멈추고 지수보다 상승 강도가 약해졌기 때문입니다. 이 종목은 심지어 지수가 상승하는데도 주가가 하락했습니다. 이럴 때 대부분의 투자자는 아무리 강력한 상승 추세가 있었더라도 '이제 좋은 시절은 끝났군' 하며 관심 종목에서 지우거나 매도를 통해 수익 실현을 할 겁니다. 하지만 아직 끝나지 않았습니다. 더 큰 도약을 하기 전에 잠시 움츠리는 개구리와 같은 상황입니다.

이때 누가 매도할까요? 운 좋게 상승 초기에 저점을 잡은 바닥 사냥꾼이나 상승 랠리에 편승해 보려던 단타, 투기자금일 겁니다. 후자의 경우 손절을 할 가능성이 높습니다. 그렇게 세아제강지주가 천년만년 상승할 거라고 세뇌당한 펀더멘털 동호회원들만 남게 될 겁니다. 즉 가격 상승의 필수 요건인 가격 상승에도 팔지 않는 굳건한 심지를 가진 투자자만 남습니다. 더 이상 팔 사람이 없어지면 종목은 휴식을 마치고 오르기를 재개합니다.

앞서도 언급했듯이 윌리엄 오닐은 "당신이 보고 있는 셋업은 다른 이들도 보고 있을 것이다"라는 말을 남겼습니다. 이와 비슷한 말을 마크 미너비니도 했습니다. "누구나 예측 가능한 명약관화한 셋업은 웬만해서 돌파를 성공하는 일이 없다." RS shakeout은 명약관화한 셋업에 쏠린 대중의 관심을 떨구는 데 아주 좋은 역할을 합니다.

W in Cup 패턴으로 돌파한 세아제강지주

● 그림 5-25 세아제강지주 일간 차트(2020.05~2021.03)

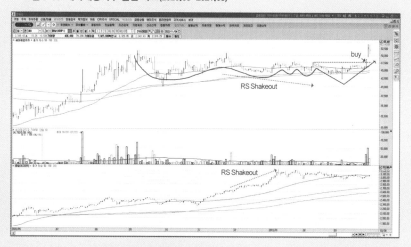

● 그림 5-26 TCC스틸 일간 차트(2020.03~2021.01)

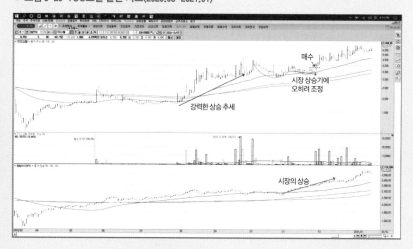

테슬라 매수로 배워 보는 RS Shakeout

● 그림 5-27 테슬라 주간 차트(2018~2021)

1. (A)에서 (B) 구간까지 약 10개월 동안 테슬라는 무려 1,134% 상승합니다. 많은 거래량을 동반한 강력한 상승은 헤지 펀드, 연금 펀드, 보험 펀드와 같은 전문가 집단의 자금들이 유입되었다는 시그널이죠. 대표적으로 캐시우드를 들 수 있습니다.

2. 이런 강력한 상승 후에는 어떤 종목이든 필연적으로 조정을 맞이합니다. 이때 우리가 살필 것은 기관 자금의 이탈이 있는지 여부입니다. 왜 이것이 중요할까요? 한 번 들어온 기관 자금은 조정 시에 이탈이 없다면 다시 한 번 시세를 분출할 가능성이 높기 때문입니다. 그렇다면 기관의 자금이 이탈했는지 여부는 어떻게 확인할까요? 주가가 하락할 때 거래량이 많다면 기관 자금이 이탈했다고 볼 수 있습니다. 즉 거래량이 실린 하락이 여러 번 발생할 경우에는 기관 자금이 이탈했다는 의심을 할 수 있습니다.
그렇다면 테슬라는 어떤가요? 하락할 때 발생하는 거래량이 거래량 10주 이동평균선보다 높은 경우가 많지 않습니다. (B)에서 (C)로 가는 7개월 중 단 3주만 10주 이동평균선보다 높았습니다. 심지어 3주 중 2주는 베이스의 왼편에 집중되어 있습니다. 이것은 기관 자금이 빠져나가지 않았다는 매우 명확한 시그널입니다.

3. 기관 자금의 이탈 없이 긴 베이스를 만드는 동안 지수(S&P)는 계속해서 오릅니다. 여기서 많은 투자자는 시장 대비 오랫동안 상대 강도가 뒤처지는 테슬라를 관심 종목에서 삭제합니다. 오를 만큼 올라서 예전 같지 않다고 여기는 거죠. 뉴스 따라 사고파는 전략을 구사하는 단기 투자자들은 이때 테슬라를 매도합니다. 그렇게 장기 투자자들만 남게 되죠. 수요와 공급의 역학상의 불균형, 즉 시장에는 수요는 있는데 공급이 부족한 순간이 오게 됩니다.

4. 계속 오르기만 했던 지수는 드디어 조정기에 진입합니다. 그런데 지수에 비해 뒤처졌던 테슬라의 주가는 지수 조정 중에 오히려 상승을 합니다. 테슬라 차트처럼 이런 기간[(C)~(D)]이 4주간 지속된다면 우리는 이제 결정을 해야 합니다. 바로 매수 결정입니다.

5. (C)~(D) 기간에서 일간 차트로 전환해 봅니다. 이때 우리는 하나의 질문을 던져야 합니다. '차트가 정확한 피봇 포인트를 형성하는가?' 만약 그렇다면 즉시 매수 주문을 넣어야 합니다.

● 그림 5-28 테슬라 일간 차트(2021.04~2021.11)

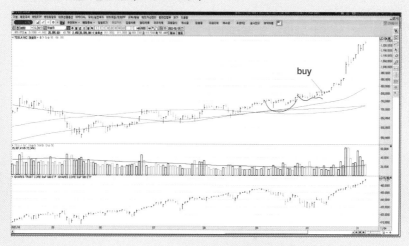

ANF 매수로 배워 보는 RS Shakeout

마크의 스승인 오닐은 Low-Cheat을 신뢰할 수 없는 패턴이라고 했습니다. 손잡이가 달린 컵에서 손잡이는 반드시 컵 중간 이상에서 형성되어야 한다고 했으니 말이죠.

그래서 마크는 컵 하단에 형성된 손잡이를 매매할 때마다 "속임수를 쓰는 기분"이 들었다고 했습니다. 그런 이유로 마크는 이 패턴을 Low-Cheat이라고 명명했습니다. 이 Low-Cheat이라는 이름에는 역사상 가장 위대한 스승 윌리엄 오닐에 대한 존경심이 담겨져 있다고 봐도 좋을 겁니다.

'Low-Cheat 패턴'과 '손잡이가 달린 컵'의 매매 방식은 다르지 않습니다. 단 하나만 빼고요. 바로 베이스 형성 기간입니다. 교과서적인 손잡이가 달린 컵의 베이스 형성 기간은 최소 7주입니다. 그런데 마크는 Low-Cheat의 경우 최소 3주만 되어도 매매할 수 있다고 했죠. 이론상으로 3주는 앞선 매물대로 인해 저항이 만만치 않습니다. 그래서 Low-Cheat 패턴은 "매우 강력한 지수 대비 상대강도와 거래량이 선행되어야 한다!"는 조건을 만족시켜야 합니다. 그런데 제가 봐온 많은 투자자는 이에 대한 고려를 하지 않더라고요.

2021년 1월 4일에 마크가 매수한 ANF는 베이스 형성 5주 만에 매수 포인트가 형성됩니다. 기존의 손잡이가 달린 컵 패턴의 매수 관점으로 본다면 매수하기에는 이른 포인트입니다. 그렇지만 Low-Cheat의 기준으로 볼 때는 3주 이상이니 합격입니다(Low-Cheat의 베이스 형성 기간은 1월 4일 기준 6주가 아니라 12월 31일자 기준 5주다. 마크는 돌파매매가 아니라 눌림목 매매를 한다).

● 그림 5-29 ANF 주간 차트(2017~2020)

그렇다면 기존에 선행 RS가 있었는지를 체크해 보시죠. 동 기간 S&P500이 약 70% 상승하는 동안 그의 3배인 약 220% 상승을 보였습니다. 어마무시한 지수 대비 상대강도입니다. 여기서 많은 투자자가 실수하는 것이 있습니다. 비록 ANF가 지수 대비 엄청난 상승을 했음에도 불구하고 최근의 주가는 오히려 하락했다는 것입니다. 이때 많은 투자자가 약세라고 여기고 매수 후보에서 제하는 실수를 저지릅니다.

강력한 모멘텀은 단지 며칠, 몇 주만의 조정으로 사라지지 않습니다. 모멘텀은 우리의 생각보다 훨씬 더 오랫동안 지속이 됩니다. 그러니 12월 31일에도 여전히 강력한 RS는 살아 있다고 보면 되겠죠.

● 그림 5-30 ANF 일간 차트

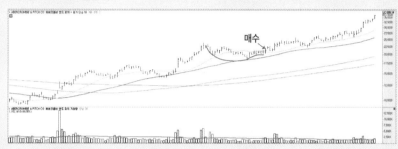

일간과 주간 종목 선정 루틴

50일 신고가 검색과 산업 검색으로 후보 종목을 매수하고, 이를 섹터별로 구분하는 법을 배웠습니다. [그림 5-31~34]처럼 종목들을 산업별로 분류하고 나면 관심 종목에 이를 반영시킵니다.

● 그림 5-31 산업별 분류하기 1

● 그림 5-32 산업별 분류하기 2

● 그림 5-33 산업별 분류하기 3

분	신	종목명	현재가	대비	등락률	거래량
신		고려아연	595,000 ▲	14,000	2.41	77,106
신		코스모화학	22,800 ▲	450	2.01	2,428,178
신		상신이디피	13,900 ▲	200	1.46	152,588
신		금양	15,800 ▼	650	3.95	5,348,714
		뉴인텍	3,030			201,390
신		미래나노텍	12,250 ▼	1,550	11.23	7,719,310
신		비나텍	42,650 ▲	650	1.55	39,873
신		케이피에프	7,170 ▼	190	2.58	1,534,600
신		포스코케미	150,000 ▼	3,000	1.96	948,498
신		코스모신소	50,500 ▼	900	1.75	594,069
신		이수화학	21,050 ▼	400	1.86	1,344,282
신		LG에너지솔	426,500 ▼	13,500	3.07	359,392
신		나노신소재	79,900 ▼	1,300	1.60	255,958
신		대보마그네	48,200 ▲	650	1.37	70,550
신		하나기술	64,000 ▼	1,900	2.88	244,550
신		디이엔티	9,570 ▲	370	4.02	483,841
신		뉴프렉스	6,400 ▲	40	0.63	1,391,600
신		조광페인트	8,200 ▼	250	2.96	362,758
신		태경산업	6,600 ▼	110	1.64	169,596
신		에코프로	115,700 ▲	900	0.78	847,552
신		강원에너지	7,530 ▼	870	10.36	1,354,212
신		에코플라스	3,200 ▼	190	5.60	3,503,084
신		아모그린텍	14,750 ▲	350	2.43	417,994
신		영풍	638,000 ▼	4,000	0.62	2,091
신		새빗켐	127,100 ▼	2,900	2.23	252,546

● 그림 5-34 산업별 분류하기 4

분	신	종목명	현재가	대비	등락률	거래량
신		레인보우로	31,050 ▲	700	2.31	885,832
신		AJ네트웍스	6,800 ▲	70	1.04	186,474
신		에브리봇	14,200 ▼	550	3.73	384,629
신		유일로보틱	24,250 ▼	550	2.22	664,509
신		제우스	23,450 ▲	250	1.08	57,388
신		에스피시스	8,170 ▼	390	4.56	294,032
신		에스피지	17,300 ▼	200	1.14	1,708,010

이런 식으로 산업별 분류를 하면 나중에 특정 종목을 매수하기 전에 산업의 액션을 점검하기가 편리합니다. 이것이 주중 종목 선정 루틴이죠. 직장인들은 주중에 많은 시간을 내기 어렵기 때문에 50일 신고가를 이용해서 이와 같이 분류하고 매일 업데이트를 해 주는 게 중요합니다. 대신 주말에는 보다 많은 시간을 내어서 해야 할 일이 있습니다. 이것을 주말 루틴이라고 합니다.

저는 주말에 50일 신고가 검색으로는 놓칠 수 있는 High Tight Flag 패턴 검색과 IPO 검색을 합니다. 이때 저는 0150 조건 검색을 이용합니다.

● 그림 5-35 High Tight Flag 패턴 검색 1

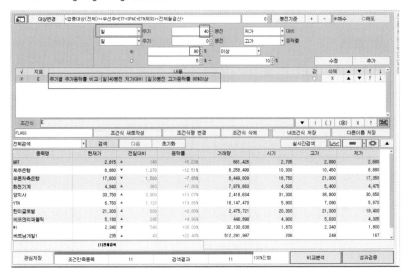

High Tight Flag의 조건은 8주 안에 90% 이상 상승 그리고 상승 후 최대 조정폭 25% 이내인 종목이죠. 해당하는 종목을 검색하기 위해 [그림 5-35]와 같이 설정합니다.

● 그림 5-36 High Tight Flag 패턴 검색 2

제주은행이 High Tight Flag의 요건을 충족하는 것을 확인할 수 있습니다. 항상 손잡이가 달린 컵처럼 7주 이상 베이스를 만들지는 않으니 주의 깊게 모니터링해야 합니다.

● 그림 5-37 IPO 검색 1

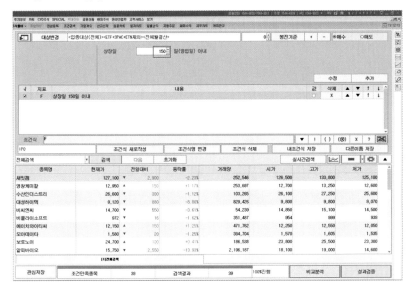

상장한 지 얼마 되지 않은 종목들은 50일 신고가 검색에 걸리지 않을 수 있습니다. 그렇기 때문에 저는 상장한 지 150일 이내의 종목들은 일일이 수작업으로 패턴을 확인합니다.

● 그림 5-38 IPO 검색 2

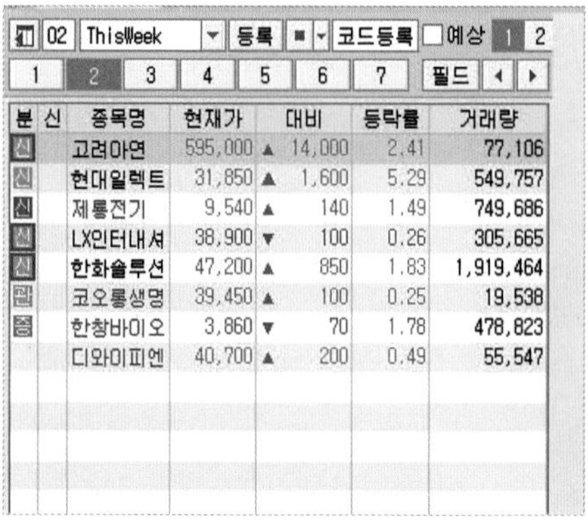

02 ThisWeek 등록 코드등록 예상 1 2

1 2 3 4 5 6 7 필드

분	신	종목명	현재가	대비	등락률	거래량
신		고려아연	595,000	▲ 14,000	2.41	77,106
신		현대일렉트	31,850	▲ 1,600	5.29	549,757
신		제룡전기	9,540	▲ 140	1.49	749,686
신		LX인터내셔	38,900	▼ 100	0.26	305,665
신		한화솔루션	47,200	▲ 850	1.83	1,919,464
권		코오롱생명	39,450	▲ 100	0.25	19,538
종		한창바이오	3,860	▼ 70	1.78	478,823
		디와이피엔	40,700	▲ 200	0.49	55,547

이렇게 분류한 종목 중 이번 주 내로 피봇 포인트를 돌파 시도할 만한 후보들을 추려서 관심 종목에 넣습니다. 많이 넣지는 않습니다. 아까도 말했지만 퇴근 후 우리에게 주어지는 시간은 그리 많지 않으니까요.

분산은 자산을 보호해 주지 않는다

안전 자산은 시장 침체기나 경제 침체기, 아니면 변동성이 심한 장세에서 투자자들의 포트폴리오에 다양성을 더해 줌으로써 투자자의 자산을 보호하는 것을 뜻합니다. 특히 하락장에 투자했을 때 시장보다 덜 떨어지거나 반대로 상승할지도 모른다는 기대를 심어 주기도 합니다. 대표적으로 금이 여기에 속합니다. 하지만 차트만 봐도 금이 투자자의 자산을 보호해 주지 못한다는 것을 알 수 있습니다. 시장의 하락기에는 조금 덜 떨어지고, 시장의 상승기에는 어정쩡하게 오르내리니까요. Negative Correlation(방향이 반대로 움직이는 것. 예를 들면 금은 주가가 하락하는 경우 오히려 상승하는 경우가 있음) 역할을 하지 못하면 변동성이라도 적어야 하는데 그렇지도 않습니다. 2020년 대호황장만 봐도 한동안 주가 지수만 따라가다가 갑자기 고꾸라졌으니까요.

● 그림 5-39 금 차트(2018~2022)

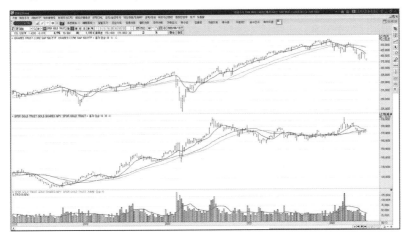

제 기준에서 안전 자산은 현금밖에 없습니다.

마크 미너비니는 특히 분산투자에 부정적인 투자자입니다.

"분산투자는 투자자의 자산을 지켜 주지 못해. 단지 수익만 묽어지게 할 뿐이지."

분산투자를 하는 이유는 간단합니다. 한두 종목에 모든 자산을 집중하면 위험도가 커지기 때문입니다. 아무리 좋은 기업도 숨겨진 악재가 있을 수 있죠. 하지만 대부분은 차트 분석을 통해 파악이 가능합니다.

헬릭스미스는 2019년 9월 23일자로 엔젠시스 3상 임상을 발표한 다음 날 하한가를 맞았습니다. 사실 발표 시기로부터 몇 달 전에 시장 대비 하락세가 급격히 진행되었죠. 매번 올빼미 공시 논란을 빚었던 한미약품 역시 기술적 분석으로 보면 매매를 피할 수가 있습니다. '200일선 아래에 가격이 형성되어 있는 주식은 매수하지 않는다'는 기본 법칙만 지켰어도 급락은 피할 수 있었을 겁니다.

● 그림 5-40 한미약품 일간 차트(2015.12~2016.10)

200일선 아래

● 그림 5-41 삼성전자 주간 차트(2015~2022)

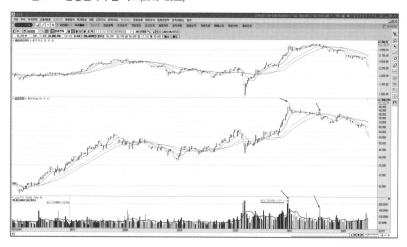

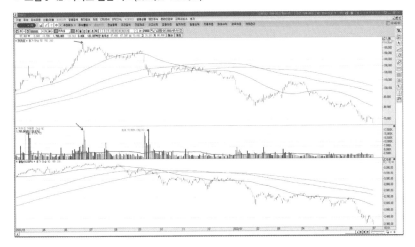

이렇듯 차트를 보면 기업의 악재나 하락, 기관 자금의 이탈을 미리 파악할 수 있습니다. "지나간 차트를 보고 분석하는 건 누구나 할 수 있다"고 반문할 수도 있겠습니다. 그러나 저는 제 페이스북에 삼성전자와 카카오의 하락을 조심하라고 글을 쓴 적이 있습니다.

문제는 차트에도 드러나지 않는 악재가 있는 경우입니다. 차트에 악재가 드러나지 않는다는 말은 회사의 오너도, 기관 투자자도, 그 누구도 예상하지 못한 악재가 갑자기 터진 겁니다. 이런 경우에는 기업의 악재를 파악한 누군가의 매도 행위가 있을 수 없기 때문에 차트상에도 악재가 드러나지 않습니다. 대표적인 예가 오스템임플란트입니다. 차트에 매도의 흔적도 없고, 심지어 거래 정지 전날까지 기관의 매수 흔적이 발견되었습니다. 기관도 된통 당한 거죠.

● 그림 5-43 오스템임플란트 주간 차트(2018~2022)

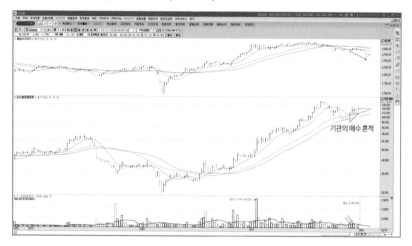

이와 같은 케이스 때문에 한 종목에 전 자산을 넣는 것은 바람직하지 않습니다. 제가 추천하는 건 넷 또는 다섯 종목에 분산해서 투자하는 것입니다. 그 이유는 분산이 많아질수록 소수의 종목에 집중했을 때 얻을 수 있는 슈퍼 퍼포먼스를 성취하기가 어렵고, 더불어 하락장에서는 조그마한 손실도 누적되면 적잖이 커질 수 있기 때문입니다. 사실 가장 큰 이유는 보유한 종목이 많아질수록 관리하는 데 어려움을 겪고, 그 결과 집중력이 떨어진다는 데 있습니다. 퇴근 후 몇 시간과 주말밖에는 시간을 낼 수 없는 직장인들이 20개가 넘는 종목을 관리한다는 건 사실상 엄청난 모험입니다.

어떻게
팔아야 할까

분할 매도하는 방법

많은 사람이 "사는 것보다 파는 것이 훨씬 어렵다"고 말합니다. 그런데 저는 이 말에 동의하지 않습니다. 정확한 시장 타이밍에 정확한 타점에서 매수한다면 매도는 절대 어렵지 않습니다. 다만 저는 두 가지 방식은 철저히 배제합니다. 하나는 추세도 없는 박스권에서 1단계를 벗어나지 못한 종목, 다른 하나는 5년 이상 보유해서 텐 배거를 노리는 방식입니다.

왜 매도를 어려워할까요? 다음의 두 가지 때문일 겁니다.

(A) 정확한 지점에서 사지 못하기 때문이다

정확한 타점에서 매수하면 사자마자 3~4%의 수익 쿠션이 생깁니다. 제시 리버모어는 이런 수익 쿠션이야말로 투자자가 흔들리지 않고 충분한 기간 동안 보유할 수 있는 자신감을 준다고 말했습니다. 한 예로 '손잡이가 달린 컵'의 정확한 지점에서 매수했다면 주가가 위아래로 아무리 흔들려도 절대 손익분기점을 침범하지 않을 겁니다. 즉 투자자는 자기가 매수한 종목이 본전 이상의 수익을 주기 때문에 스트레스를 받지 않은 채 오랫동안 보유할 수 있습니다.

물론 늘 사자마자 3~4%의 수익 쿠션을 얻는 것은 아닙니다. 이 같은 경우에는 미리 정해 놓은 손절 라인을 통해서 극단적인 위험을 헤징해야 합니다. 일종의 보험이라고 할 수 있죠. 즉 내가 감당할 수 있는 수준의 손절 퍼센티지를 미리 정해야 투자자는 시장의 흔들림에도 굳건한 태도를 유지할 수 있습니다.

● 그림 5-44 손절 지점 설정하기

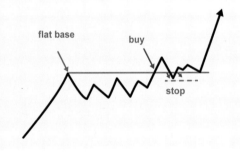

자신이 감당할 수 있는 손실과 든든한 수익 쿠션이 장기 보유를 할 수 있게 해 주는 거지, '주가가 흔들릴 뿐 내가 산 기업의 가치가 변하는 것이 아니야!' 하는 정신 승리는 투자에서 전혀 도움이 되지 않습니다. 역사적으로 뛰어난 펀더멘털을 보유한 종목들이 끝도 없이 추락하는 경우는 흔합니다. 즉 매도를 잘하고 싶다면 확률적 우위에 기반한 전략을 사용해야 합니다.

(B) 최고점에서 팔고자 하기 때문이다

미리 말씀드리겠습니다. 무슨 방법을 쓰든 최고점에서 팔 수는 없습니다. 불가능합니다. 즉 확률적으로 높지도 않은 최고점 매도를 꿈꾸기 때문에 매도가 어려운 겁니다. 그렇기 때문에 우리는 분할 매도를 해야 합니다.

분할 매도의 장점은 무엇일까요? 어느 정도 수익을 냈기 때문에 투자자는 더 오랫동안 보유해도 안정감을 얻을 수 있습니다. 보통 오르는 주식은 투자자의 상식을 벗어날 정도의 가속도가 붙습니다. 투자자를 놀라게 할 만큼 큰 상승을 보이는 종목을 매수하면 어떨까요? 기쁠까요? 물론 그럴 겁니다. 하지만 동시에 불안감도 가속도만큼이나 많이 찾아들 겁니다. '혹여 내일 여태 번 수익이 하루아침에 다 날아가지는 않을까? 지금 팔아야 할까?'

이와 같은 불안한 심리 상태가 지속되면 투자자는 조금의 조정에도 두려움을 이기지 못하고 매도 버튼을 누르고 맙니다. 그리고 주가는 그 시점부터 100, 200, 400%씩 상승하죠. 미리 계획을 세우고 매수 시점을 분산하면 투자자는 보다 마음의 안정을 갖고 더 오래 보유할 수 있습니다.

그렇다면 분할 매도는 어떻게 할까요? 저는 보통 3분할 매도 방식을 씁니다. 그러기 위해서는 선행되어야 할 일이 있습니다. 자신의 평균 수익률을 계산하는 것입니다. 자신이 산 종목이 돌파에 성공하면 대략 몇 %의 수익을 주는지를 계산하는 것이죠. 만약 돌파에 성공했을 때 수익률이 20%라면 그보다 조금 빠른 15%에서 보유 수량의 1/3을 먼저 매도하는 것입니다. 만약 20~25%의 수익이 난다면 나머지 보유 수량의 1/2을 매도합니다.

윌리엄 오닐의 연구에 따르면 정확한 지점에서 매수했다면 20~25% 사이에서 기관의 매도 물량이 출회된다고 합니다. 우리에게는 20~25% 지점이지만 바닥일 때부터 천천히 물량을 매집해 온 헤지펀드 매니저들에게는 150~200% 이상 수익을 낸 지점일 테니까요. 그들도 사람인 만큼 이 정도 퍼센티지면 매도를 통해 수익 실현을 해야 합니다. 또한 유동성 문제 때문에 매도하기도 합니다. [그림 5-45], [그림 5-46]는 삼분할 매매의 이상적인 예입니다.

● 그림 5-45 위메이드맥스 일간 차트(2021.09~2022.01)

● 그림 5-46 한양디지텍 일간 차트(2021.03~12)

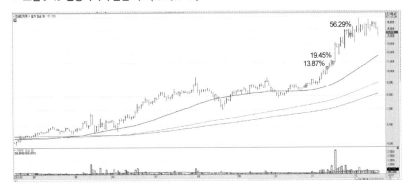

다바스 박스를 이용한 매도

앞서도 말했지만 니콜라스 다바스는 우리처럼 투잡 투자자였습니다. 밤에는 댄서로 일하고 낮에는 휴식을 취했기 때문에 시간이 많지 않았습니다. 게다가 제도권 출신이 아니기 때문에 주식 투자에 대한 전문 지식도 부족했습니다. 하지만 그래서 그의 매매법은 직관적이고 이해하기도 따라 하기도 쉽습니다.

그는 오르는 주식은 절대 팔지 않았습니다. 그래서인지 추세를 탄 종목이 최정점에 오를 때까지 끈기 있게 잘 기다린 투자자로 정평이 나 있죠. 그는 주가의 움직임을 통해 박스를 규정한 후 그 박스의 하단을 이탈하지 않는 한 보유했습니다.

● 그림 5-47 로릴라드 주간 차트(1957~1959)

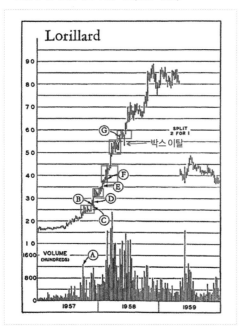

매우 심플하지만 강력한 방식입니다. 강세장의 조건인 Higher Highs, Higher Lows를 이용했기 때문에 정확성이 뛰어나죠. 더불어 쉽고 직관적이라서 누구나 바로 활용할 수 있습니다.

다바스 박스는 개별 종목뿐만 아니라 지수에 투자할 때도 강력한 효과를 발휘하는데요. 어떻게 박스를 긋는지 한 번 살펴보겠습니다.

● 그림 5-48 다바스 박스 긋기

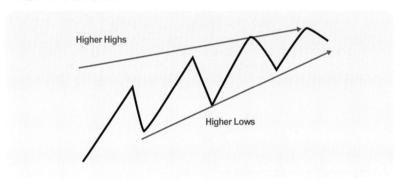

이처럼 다바스 박스는 Higher Highs, Higher Lows를 이용해 박스를 긋습니다. 다만 우리는 매도할 때만 다바스 박스를 쓸 것이므로 박스 대신 하단의 가로선 하나만을 사용합니다.

● 그림 5-49 다바스 박스에서 하단의 가로선 하나만 사용하기

어떤가요? 하단의 가로선 하나만을 이용해서 선을 그으니 매우 간단하고 쉽죠?

여기서 약간의 뉘앙스만 하나 더 추가하겠습니다. 다바스 박스를 이용해 수많은 매도 시뮬레이션을 돌린 결과 박스 하단선이 그어진 이후 아주 약간 의 매도 이탈이 발생하는 일이 잦았습니다. 따라서 그 이탈 범위가 크지 않 다면(1.5%~2% 이내) 이탈한 것으로 치지 않고 계속 보유하면 좋을 듯싶습니 다. [그림 5-50]처럼 말입니다.

● 그림 5-50 약간의 뉘앙스 주기

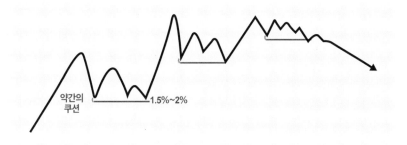

간단하고 쉽죠? 우리가 주식시장에서 돈을 버는 데 필요한 능력은 이처럼 가로로 선을 잘 긋는 것입니다.

이를 활용해서 실전 예제를 보여 드리겠습니다. 참고로 다바스 박스를 그 릴 때는 주간 차트만을 이용합니다. 특히 지수는 다바스 박스를 활용하면 매 우 탁월한 결과를 보여 줍니다.

● 그림 5-51 KOSPI 주간 차트 1

● 그림 5-52 KOSPI 주간 차트 2

제가 예전에 페이스북에 올린 QLD, 다바스 박스를 이용한 장기 시뮬레이션 결과를 보면 잘못된 매도 시그널 발생 횟수가 3회 미만일 정도로, 지수 매도에 있어서 거의 완벽에 가깝게 매도 시그널을 주고 있습니다. 개별 종목은 지수에 비해 상대적으로 매도 시그널의 정확도가 떨어집니다만, 그럼에도 탁월하다고는 분명히 말할 수 있습니다. 개별 종목으로 매도할 때 발생하는 잘못된 시그널은 일중 추세변화Daily Trend Reversal 시그널을 통해 보정해 보겠습니다.

이제 개별 종목 예제를 살펴보겠습니다.

● 그림 5-53 DI동일 주간 차트(2019.02~2021.12)

● 그림 5-54 효성티엔씨 주간 차트(2019.02~2021.12)

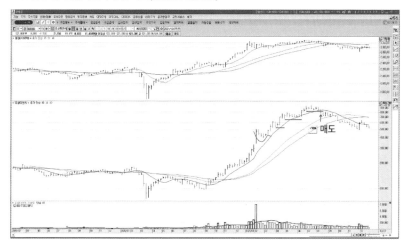

● 그림 5-55 파크시스템스 주간 차트(2019.02~2022.03)

굉장히 쉽고 간단하죠? 용이성에 비해 실전 효용성은 절대 다른 매도법에 뒤처지지 않습니다. 다만 박스를 규정하는 연습을 실제로 많이 그려 보며 해야 합니다. 하단을 규정할 때 헷갈리곤 하기 때문입니다. [그림 5-55]의 차트가 특히 그렇습니다.

● 그림 5-56 파크시스템스 주간 차트(2020.02~2021.12)

동그라미 친 부분을 보시기 바랍니다. 이때는 하락하는 주부터 의미 있는 저점을 하단으로 규정하면 됩니다.

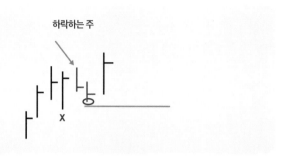

설명만으로는 감이 오지 않을 겁니다. 그래서 인덱스의 주간 차트로 박스 굿는 연습을 많이 해야 합니다. 하다 보면 자연스럽게 감과 요령이 생길 겁 니다.

다바스 박스 추가 설명 편

무언가를 얻고자 한다면 열심히 노력해야 합니다. 그래서 노가다로 힘들게 번 돈 5만 원이 텍사스 홀덤으로 번 100만 원보다 소중하다고 생각합니다.

투자도 그렇습니다. 가로로 선 하나 잘 그으면 매도를 잘할 수 있다고 말하면 믿을까요? 그렇지 않습니다. 오히려 산업 분석, 기업의 매출액, PER, 동종 업계 동향, 연준 정책, 장단기금리차를 몇 시간 밤을 새워 공부했을 때 성취감을 느낍니다. 하지만 [그림 5-58]의 사례는 다바스 박스 하나만으로 얼마나 훌륭하게 매도를 할 수 있는지를 입증하는 사례일 겁니다.

● 그림 5-58 서울옥션 주간 차트(2019~2022)

610% 상승하는 동안 단 한 번의 실패 시그널도 발생하지 않았습니다. 즉 선 하나만 제대로 그었다면 600%의 수익을 낼 수 있었다는 이야기입니다.

제일 유치한 자랑이 평단가 자랑입니다. 얼마에 샀든 제대로 팔지 못하면 아무 의미가 없습니다. 다바스 박스를 그릴 때 정량적인 힌트를 드리고자 합니다. 손잡이가 달린 컵을 돌파한 경우 15% 넘는 상승을 하고 조정할 때 다시 의미 있는 반등이 나온다면, 반등 전의 최저점을 박스 하단(2% 쿠션을 두고)으로 규정하는 것입니다.

● 그림 5-59 박스 하단으로 규정하는 법

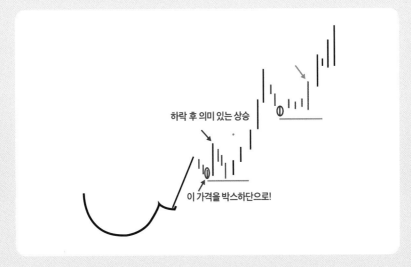

하락 후 의미 있는 상승

이 가격을 박스하단으로!

일간 추세 반전

다바스의 철학이 담긴 이 단순한 박스 이론은 매도하는 데 있어서 환상적인 값을 가져다줍니다. 투자자로 하여금 상승하는 주식이 고점을 연속적으로 갱신하는 동안 섣불리 팔지 않고 오래 보유할 수 있게 해 주는 원동력이 되기도 하죠.

그럼에도 불구하고 시장의 조정이나 기업의 악재가 갑자기 터지는 바람에 너무 많은 수익을 반납해야 하는 경우도 많습니다. 이런 다바스 박스의 단점을 보완해 주는 게 있습니다. 바로 일간 추세 반전Daily Trend Reversal입니다. 다음 차트는 제가 페이스북에서 일간 추세 반전일 수 있으니 주의하라고 말한 바 있는 카카오의 2021년 6월 24일 차트입니다.

● 그림 5-60 카카오 일간 차트(2021.03~2021.12)

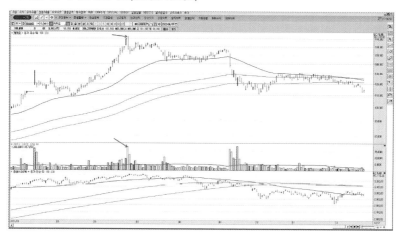

[그림 5-60]을 보면 기관 매도의 특성이 확연하게 드러납니다. 이날 종목은 시초가를 상승시켜서 주가가 상승할 거라고 현혹시킨 후 매우 강력한 거래량을 동반하면서 급락했습니다. Outside Day, 전날 6월 23일의 가격 범위(161,000~170,000)를 넘어서는 155,500~173,000원의 범위였던 거죠. 이것이 기

관 매도의 전형적인 특징입니다.

다른 예제를 좀 더 살펴보겠습니다.

● 그림 5-61 화인베스틸 일간 차트(2019.09~2020.05)

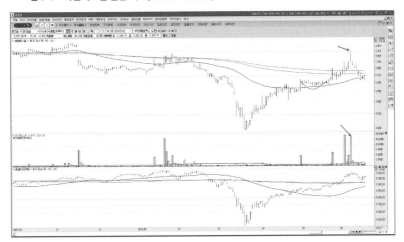

● 그림 5-62 STX중공업 일간 차트(2020.09~2021.08)

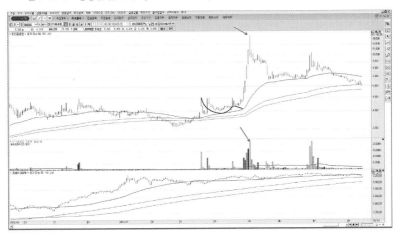

더 이상의 예가 필요 없을 만큼 쉽고 간단합니다.

마지막으로 지수 급락으로 인해 하락할 때 50일 이동평균선을 이용하는 법을 알려 드리겠습니다. 참고로 이때는 반드시 지수의 급락이 확연해야 합니다.

● 그림 5-63 에코프로 일간 차트(2020.04~2020.11)

제가 예시를 든 모든 하락 거래량은 손잡이가 달린 컵(이나 다른 피봇 포인 트)을 돌파한 후 가장 크거나 가장 큰 거래량에 근접해 있습니다. [그림 5-63] 역시 돌파 성공 이후 가장 큰 거래량이 나타나고 있습니다. 우리가 지켜야 할 원칙은 돌파 이후 큰 거래량을 동반한 하락이 나오면 매도하는 것입니다.

마지막으로 한 가지를 더 확인해야 합니다. 종가$_{Closing}$가 바의 하단에 위치 하는지 여부입니다. 제가 예시를 든 모든 종목의 종가는 하단에 있습니다. 그 런데 만약 중간 이상에서 반전 마감이 된다면 이것은 하락 시그널이 아니라 오히려 상승 시그널로 봐야 합니다.

다바스 박스를 이용한 지수 매매

대중은 뉴스에 열광합니다. 그래서 뉴스에서 남북 경협이 순조로이 진행되면 경협주를 사고, 힐러리가 트럼프를 압도적인 표차로 이길 것이라 생각하면 태양광 산업을 매수합니다.

이런 성향은 지난 2020년 코로나로 인한 급락장에서도 변하지 않았습니다. 2020년, 시장의 반등이 확연했음에도 불구하고 대중은 코로나 백신의 임상 결과를 지켜본 뒤 신중히 매수하자는 전문가들의 말에 속아 넘어갔습니다. 실제로 백신의 가장 빠른 임상 결과는 2020년 말에나 나왔습니다. 그때는 KOSDAQ 지수가 이미 120%나 상승한 뒤였습니다.

지수를 반등시키는 최고의 호재는 뉴스나 유튜브 주식 방송에 나오지 않습니다. 지수를 반등시키는 가장 강력한 호재는 '낙폭 과대'로 인한 헤지, 연금, 보험 펀드들의 탐욕스러운 바턴 피싱이기 때문이죠. 이런 기관들의 습성을 이용해서 매수하고, 다바스 박스로 매도해 보겠습니다.

● 그림 5-64 KOSDAQ 주간 차트(2018~2022)

먼저 RSI로 저점을 파악한 후 과매도 시그널이 발생하면 매수하는 것으로 설정하겠습니다. (RSI 과매수는 보시다시피 부정확합니다. 과매수 시그널은 무시합니다.) 다바스 박스는 저점에서 2.8%의 쿠션을 두고 긋습니다. 예를 들어 첫 번째 박스 하단인 2019년 9월 30일의 저가인 615.64에서 -2.8% 쿠션이면 598.4가 하단 지지선입니다. 그렇다면 마지노선은 917.74이겠죠. 만약 투자자가 2020년 3월에 RSI 과매도 시그널을 보고 저가 매수를 했다면 아직까지도 KOSDAQ 지수 ETF를 보유하고 있다는 이야기입니다. 수익률은 100%를 조금 넘겼겠네요. 레버리지 ETF를 들어가신 분은 200%대의 수익률일 테고요. 만약 아주 운이 좋게 이번 조정장이 더욱 가속화되어 다시 한 번 RSI 과매도 시그널이 발생하게 된다면, 과감하게 지수 ETF에 투자해도 좋을 겁니다.

여기서 다음과 같은 질문을 할 수 있습니다.

Q 주간 차트의 종가 기준 이탈이 매도 기준인가요, 아니면 마감되기 전인 중간 시점에 이탈해도 매도 기준이 되는 건가요?

A 주간 차트의 종가, 즉 한 주가 마감될 때까지 기다렸다가 매도 여부를 정할 경우 수익을 지키기가 너무 힘듭니다. 그래서 저는 박스 하단 지점에서 -3% 이상 하락하면 주간, 일간을 기다리지 않고 바로 매도합니다.

Q 박스는 지나고 나서야 박스인 줄 아는데, 현재 시점이 박스 하단인지 아님 며칠 후에 새로운 박스 하단이 나올지는 어떻게 아나요?

A 기술적 분석의 어려움 중 하나죠. 지나고 나면 분명하게 매수·매도 포인트, 손잡이가 달린 컵, 헤드 앤 숄더 패턴이 보이니까요. 차트의 왼쪽 측면은 패턴을 이해하기 쉬운데 오른쪽 측면은 박스를 규정하기 어렵죠. 이건 너무도 당연합니다. 왼쪽은 과거고 오른쪽은 현재 그리고 미래니까요.

● 그림 5-65 현재진행형일 때 박스의 하단을 규정하는 방법

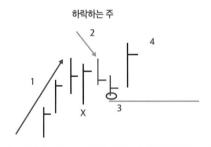

[그림 5-65]는 오른쪽 측면, 즉 현재진행형일 때 박스의 하단을 규정하는 방법을 설명하기 위해 그린 것입니다. 좀 더 자세히 설명을 해 보겠습니다. (1) 가격이 상승합니다. (2) 가격의 상승이 멈추고 하락, 조정받기 시작합니다. (3) 가격의 하락이 멈추고 반등을 시작합니다. (4) 반등 후에 처음으로 신고가를 갱신합니다. 가격이 신고가를 기록하면 전일의 저점을 박스 하단으로 규정합니다.

[그림 5-65]를 보면 X 표시가 보일 겁니다. 저날의 저점을 박스 하단으로 보지 않는다는 뜻입니다. 종가가 중간 이상에서 형성되었기 때문에 하락한 주가 아니라 상승한 주로 간주합니다. 더 많은 예를 살펴보겠습니다. 카카오입니다.

● 그림 5-66 카카오 주간 차트(2018.12~2021.12)

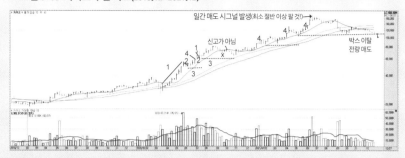

8월 부분을 클로즈업 해 보면, (1) 상승과 (2) 조정을 거친 후 (3) 반등까지 완료했습니다. 그렇다면 여기서 3번이 박스 하단일까요? 답은 "No"입니다. 왜냐하면 박스 하단은 (4) 신고가를 갱신할 때까지 정의되지 않기 때문입니다.

● 그림 5-67 카카오 주간 차트(2018.10~2021.11)

계속 날짜를 넘겨보면 지난 (3)번보다 더 하락한 지점에서 반등이 일어납니다. 그리고 2021년 1월 4일에 신고가를 기록하죠. 이때부터 (3)번이 박스 하단이 되는 것입니다.

본전을 지켜라!

"근사한 수익이 손실로 바뀔 때까지 절대 내버려 두지 마라."

_ 마크 미너비니

항상 많은 득점이 스포츠 경기의 승리 조건은 아닙니다. 우리 팀이 1:0으로 이기고 있다면 무리하게 한 점을 더 내기보다는 수비에 집중하여 실수를 줄이고 리드를 뺏기지 않는 것이 더 중요합니다.

투자도 마찬가지입니다. 어떤 투자자가 A라는 종목을 샀는데 매일 자고 일어나면 신고가를 갱신합니다. 이 투자자는 '오늘은 얼마나 오를까?' 하는 기대감으로 하루를 시작할 겁니다. A 종목의 주가는 투자자의 기대에 걸맞게 25%, 30%, 50%… 계속 올라갑니다. 어느새 수익은 100%에 가까워지고, 투자자는 텐 배거를 꿈꿉니다.

하지만 환희에 찬 순간도 잠시, A 종목의 주가는 하루 만에 10%의 조정을 받습니다. 이때부터 투자자의 고민은 시작됩니다.

'A 주가가 너무 많이 올랐나? 너무 오래 들고 있었나? 아니야. 이 정도 조정은 버텨 내야 텐 배거의 사나이가 되지!'

하지만 다음 날 또 20% 가까이 하락합니다. 수익률은 100%에서 70%로 줄었습니다. 투자자의 고민은 이제 공포로 변합니다.

'욕심이 너무 지나쳤나? 딱 두 배만 먹고 팔았어야 했는데. 만약 다음에 반등이 오면 80%에서 매도하자!'

그러나 주가는 또 20% 하락합니다. 수익률은 100%에서 반토막이 되었습니다. 이제 투자자는 자책하기 시작합니다.

'겨우 10%를 더 먹겠다고 매도를 망설이다니! 바보 같으니라고!'

하지만 투자자는 여전히 수익권이라는 생각이 들자 마음이 편안해집니다.

'설마, 여기서 더 떨어지겠어?'

하지만 설마는 사실이 됩니다. 고작 몇 달 만에 수익률은 100%에서 본전까지 다다릅니다. 보통 투자자는 100%에서 본전이 되면 절대 팔지 않습니다. 이쯤 되면 네가 이기나, 내가 이기나 한 번 해 보자는 마음이 됩니다. 사실 자포자기에 더 가깝습니다. 하지만 주식은 하염없이 하락하죠. -20%, -40%가 되고, 투자자는 결국 눈물을 흘리며 손절합니다.

물론 투자자에게 발생할 수 있는 최악의 시나리오이며 악몽입니다. 이렇게 되면 자산 손실뿐만 아니라 투자자의 멘탈도 걱정해야 합니다. 한 번 괜찮은 수익을 얻어야 멘탈이 망가지지 않습니다.

그렇다면 어떻게 본전을 보존할까요? 방법은 돌파매매가 성공하고 어느 정도 괜찮은 수익이 생기면 손절 라인을 본전까지 끌어올리는 것입니다. 그 시점이 언제일까요? 바로 15% 이상의 수익이 났을 경우입니다. 더불어 돌파매매가 성공한 이후 첫 번째 조정 그리고 신고가가 발생할 때입니다.

예를 들어 보겠습니다.

● 그림 5-69 본전 보존 방법

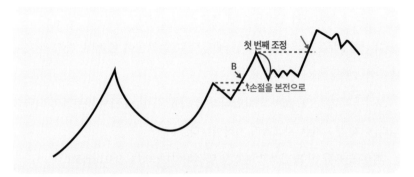

● 그림 5-70 동운아나텍 일간 차트(2021.05~2022.01)

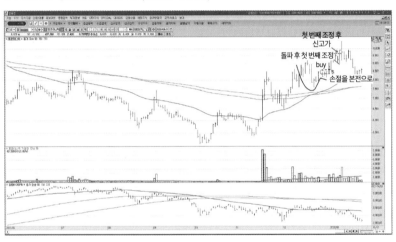

● 그림 5-71 DB하이텍 일간 차트(2021.03~2022.01)

[그림 5-71]의 DB하이텍 차트를 보면 손절을 본전까지 끌어올리는 시그널, 즉 돌파 후 첫 번째 조정이 발생하기 전에는 기존의 손절점을 유지하고 있음을 알 수 있습니다.

Chapter
6

자금 관리와
손절

손절: 방어와
공격의 핵심

손절의 기능

흔히 손절이 누적되면 그 누적액만으로도 손해가 커지기 때문에 차라리 기다리라고들 말합니다. 하지만 이것은 매우 위험한 발언입니다. 그 까닭은 [그림 6-1]을 보면 알 수 있습니다.

● 그림 6-1 손절을 해야 하는 이유

Loss	Gain to Break Even
5%	5%
10%	11%
20%	25%
30%	43%
40%	67%
50%	100%
60%	150%
70%	233%
80%	400%
90%	900%

투자자가 손실을 5% 이내에서 끊으면 다음에 손실을 만회하고자 할 때는 5%의 수익만 내면 됩니다. 하지만 10%를 넘어가면 이야기는 달라집니다. 10%부터는 11%의 추가 수익이 붙기 때문이죠. 만약 손실이 50%면 수익은 세 자릿수를 내야 겨우 본전에 다다를 수 있습니다. 복리의 마법이 인버스로 진행된다는 표현이 적합할지 모르겠습니다. 어쨌든 손실이 누적될수록 본전 복구에 어려움을 겪을 수밖에 없습니다.

앞서 손절은 공격용 무기라고 말했습니다. 수익 쿠션이 생길 때 손절 퍼센티지로 나누면 위험도는 없고 기대 수익은 매우 높은 채로 베팅할 수 있습니다. 그럼 손절 지점은 어떻게 정할까요? 많은 트레이더가 기술적 분석을 통해 전일 종가, 저가, 이동평균선, 지지선 심지어 0으로 떨어지는 숫자를 이용해서 손절점을 정합니다. [그림 6-2]와 같이 손잡이 하단 부분이나 5, 10, 20일 이동평균선을 손절 라인으로 쓰는 경우가 많습니다.

● 그림 6-2 대중적인 손절 라인의 예: 손잡이 하단

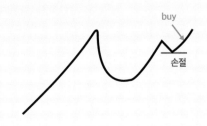

● 그림 6-3 대중적인 손절 라인의 예: 이동평균선

하지만 이 경우 문제가 있습니다. 점진적 베팅을 이용한 매매의 이점을 전혀 살리지 못한다는 것입니다. 다들 경험해 봤겠지만 무엇을 사도 오르는 시기가 있는 반면, 사는 족족 실패하는 경우도 있습니다. 즉 매매가 잘되는 시기에는 좀 더 여유로운 손절 퍼센티지를 주어서 자신이 산 종목이 더 오를 때까지 충분한 기회를 주는 게 중요하고, 반대로 매매가 잘 안 되는 시기에는 손실이 조금이라도 더 커지기 전에 잘라 내야 합니다. 손절은 기술적 분석이 아닌 자신이 감당할 수 있는 정도의 손실 퍼센티지 내로 제한시켜 놓아야 합니다.

손절 퍼센티지 설정하는 법

그럼 손절 퍼센티지를 설정하는 방법을 살펴볼까요? 크게 세 가지가 있습니다.

(A) 자신의 평균수익률을 계산한다

내가 산 종목이 평균적으로 몇 %의 수익을 올리는지에 따라 손절 비율을 최소 2:1로 정합니다. 한 예로 내 평균수익률이 20%면 내 손절은 10%를 넘으면 안 됩니다. 이 방식은 매매가 거듭될수록 투자자에게 유리한 확률을 제공한다는 이점이 있습니다.

(B) 자신의 매매 복기를 통해서 결정한다

정확한 피봇 포인트에서 산 종목은 대부분 3% 이상 하락하지 않습니다. 제가 쓰는 방법이기도 합니다.

(C) 손절이 타이트할수록 더 많은 실패가 용납된다

저는 손절이 매우 타이트한 편에 속하기 때문에 승률이 25%까지 떨어져도 본전 이상의 성과를 올리는 경우가 많았습니다. 손절은 3%인데 기대수익률은 15% 이상이면 몇 번의 연속적인 손절로 인한 손해도 단 한 번의 매매 성공으로 복구할 수 있습니다. 그래서 저는 손절을 3%로 정합니다.

손절점을 매번 직접 잡기가 쉽지 않습니다. 그래서 저는 키움증권을 쓰는 투자자라면 잔고 편입 자동 주문을 통해 자동 매도하는 걸 추천하는 편입니다.

● 그림 6-4 키움증권 자동감시주문

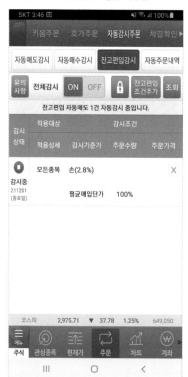

손절을 이용한 점진적 베팅

수익 쿠션 계산하는 법

손절을 이용해 점진적 베팅하는 방법을 예를 들어 설명하겠습니다. A 투자자가 있습니다. A의 현금 자산은 5000만 원이고, 마이너스 통장에는 5000만 원이 있습니다. A의 첫 투자 금액은 총자산(부채 포함) 1억의 5%인 500만 원입니다. A는 하루 최대 매수 체결횟수의 평균을 냅니다. 이는 보통 자신의 최근 몇 주간의 매매 기록을 보면 가능할 수 있습니다. 참고로 저는 하루에 최대 3회를 넘기지 않습니다. 그래서 제 경우를 빗대어 일단 3으로 잡아 보겠습니다. 이를 기준으로 책정하면 500만 원/3, 1,666,667원이 산출되고, 이 금액을 각각의 매수 후보 종목에 일괄적으로 배정합니다. 총 세 번 매수주문을 체결합니다. 이 중 한 개는 손절로 일찌감치 탈락되고, 나머지 두 종목은 보유합니다. 이때의 수익 쿠션을 계산해 볼까요?

종목	수익	베팅액	손익
A(손절)	-3%	1,666,667	- 50,000
B	20%	1,666,667	333,333
C	15%	1,666,667	250,000
		수익 쿠션	533,333

이제 533,333원의 수익 쿠션이 생겼습니다. 이를 이용해서 베팅을 올려 볼까요? 베팅은 수익 쿠션/손절(%)이므로 손절을 3%로 잡았을 경우 533,333/3%, 이제 17,777,767원의 쿠션이 발생했습니다. 이를 평균 체결 횟수인 3으로 다시 나누면 한 종목당 5,925,922원을 베팅할 수 있습니다.

그리고 다음 날 매수를 시작하고 3일 후에 승률이 동일하게 세 종목을 샀는데 두 종목은 성공하고 한 종목이 손절되는 66%의 승률이 발생했다고 하면

종목	수익	베팅액	손익
A(손절)	-3%	5,925,926	- 177,778
B	20%	5,925,926	1,185,185
C	15%	5,925,926	888,889
		수익 쿠션	1,896,296

이제는 약 190만 원의 쿠션이 생기게 됩니다. 이때부터 베팅액은 기하급수적으로 불기 시작합니다.

1,896,296/3%/3=21,069,958.85

이제 종목당 2100만 원에 가까운 베팅이 가능합니다.

시장에서 승률 60%면 상당히 높은 것입니다. 탑 트레이더의 승률이 40, 50%이니까요. 그렇다면 만약 승률이 0%, 즉 내가 사는 모든 종목이 바로 손절되는 최악의 상황이 발생하면 어떻게 될까요?

● 1차 매매

종목	수익	베팅액	손익
A(손절)	-3%	1,666,667	- 50,000
B	20%	1,666,667	333,333
C	15%	1,666,667	250,000
		수익 쿠션	533,333

● 2차 매매

종목	수익	베팅액	손익
A(손절)	-3%	5,925,926	- 177,778
B	-3%	5,925,926	- 177,778
C	-3%	5,925,926	- 177,778
		수익 쿠션	- 533,333

즉 내가 산 모든 종목이 손절되는 최악의 상황이 발생해도 손실액은 1차 매매 때 번 수익에 한정됩니다. 이 방식을 쓰면 리스크는 제로, 리턴은 매우 높은 매매를 할 수 있습니다.

❗ 체크 포인트

수익 쿠션을 산정할 때 수익 실현을 실제로 한 진짜 수익으로만 산정하지는 않습니다. 좋은 종목은 세 달에서 길게는 1년 이상 보유하는데, 그렇다면 이들의 수익 쿠션을 적극적으로 이용하지 않는 것이 되기 때문입니다. 그래서 저는 실현하지 않아도 계좌 잔고상의 수익 금액을 수익 쿠션으로 계산합니다. 계좌 잔고상의 금액은 매일 변하겠죠? 수익 쿠션도 2, 3일에 한 번씩 최근 데이터를 반영해야 합니다.

다바스의 매매 방식을 통해 배워 보는 점진적 베팅의 위력

니콜라스 다바스의 성공 비결로 많은 이가 그의 놀라운 박스 이론을 거론하는데, 저는 이와 다른 의견을 갖고 있습니다. 그의 매수·매도 방식은 스탠 와인스타인의 2단계에서 결을 따라 박스를 그리는 방식으로, 윌리엄 오닐의

'손잡이가 달린 컵'보다 높은 매수 타점으로 인해 정밀도가 떨어집니다. 따라서 오닐식보다 더 넓은 범위의 손절 퍼센티지를 사용해야 합니다.

● 그림 6-5 다바스식과 오닐식의 매수 타점 비교

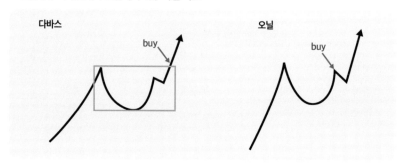

다바스의 시대에는 IBD에서 제공하는 상대 강도가 없었습니다. 우리가 지금 사용하는 HTS에서 업종 차트, 개별 종목 차트를 이용해서 상대 강도 계산을 할 수도 없었죠. 그렇기 때문에 다바스의 매수 포인트는 2단계가 시

● 그림 6-6 Texas Instrument 차트(1957~1959)

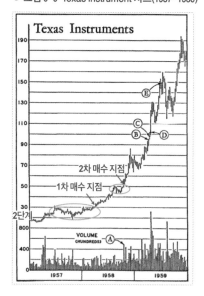

작고 한참 지난 후인 경우가 많았습니다. 그가 매매했던 Texas Instrument 를 보면 그가 2단계를 막 벗어난 상당히 좋은 두 번의 진입 시기를 흘려보냈 다는 것을 알 수 있습니다.

변동성 감소 패턴은 오닐도, 미너비니도 심지어 다바스도 썼습니다. 그런 데 다바스는 주말에 한 번 종목의 거래량을 체크할 수 있었을 뿐이고, 주중 매매에서는 가격의 움직임만으로 매매를 결정했습니다. 만약 그가 지금처럼 일간 거래량 체크를 할 수 있었다면 월스트리트의 역사는 새로 쓰여졌을 겁 니다.

이처럼 다바스의 매매는 투박하고 세련되지 못합니다. 그럼에도 그가 월 스트리트 역사에 길이 남을, 같은 기간 어느 누구도 대적하기 힘든 성과를 낸 원동력은 무엇이었을까요? 그 답은 점진적 베팅입니다. 그는 그에게 큰 부 를 안겨 준 E.L. Bruce를 매매하기에 앞서서 전에 매수한 종목인 로릴라드를 매도해서 투자 자금을 확보했습니다. 심지어 이 정도로도 성이 안 찼는지 그 는 50% 마진까지 사용하는 대담함을 보입니다. 그리고 그는 E.L. Bruce 매매 를 실패할 경우의 손실 한도를 Diners' Club에 한정시킵니다. 즉 E.L에서 매 수를 실패해도 직전의 Diners' Club에 한정되니, 그는 여전히 로릴라드의 수 익을 지킬 수 있는 것입니다.

그럼 결과를 볼까요? [그림 6-7]은 다바스가 번 돈의 합입니다. 그가 E.L에 서 번 돈은 로릴라드, Diners' Club에서 번 돈을 합친 금액의 9배입니다. 이 것이 바로 점진적 베팅의 놀라운 힘입니다.

● 그림 6-7 다바스가 번 돈의 합

	Profits	Losses
LORILLARD	$ 21,052.95	$6,472.53
DINERS' CLUB	10,328.05	
E. L. BRUCE	295,305.45	
MOLYBDENUM		482.47

　　몇 백만 원으로 상한가를 몇 번 맞아 봤자 우리가 절대 사장님의 면전에 사표를 집어 던지지 못하는 이유를 다바스의 매매를 통해 알 수 있습니다. 즉 우리의 노후를 바꾸는 것은 매일 꾸준히 소액을 버는 데 있지 않고, 몇 번의 큰 매매를 성공시키느냐에 달려 있습니다.

! 체크 포인트

　　추후에 이런 무식할 정도의 큰 금액을 베팅한 다바스의 매수 방식을 두고 사람들은 "호황장에 운 좋게 얻어걸린 도박꾼의 방식"이라고 폄하했는데, 다바스는 이에 대해 격정을 내며 다음과 같이 반박을 합니다.

　　"나는 이미 두 번의 매매를 성공시키면서 좋은 리듬을 타고 있었다. 손실을 입을 경우를 대비해서 내 손실은 직전의 매매 Diners' Club의 수익에 한정되게 디자인도 했다. 그런데 이런 나에게 도박꾼이라고 하다니!"

피라미딩

두 가지 피라미딩 매매법

아마추어와 프로를 구분 짓는 가장 뚜렷한 기준으로 저는 분할 매수를 하는지 여부를 언급합니다. 프로들은 단 한 번의 매수에 자신이 목표로 한 전체 수량을 넣지 않습니다. 자신의 판단이 맞았음이 검증되었을 때 추가 매수를 합니다. 이를 피라미딩이라고 합니다.

피라미딩은 두 가지로 나눠 이야기할 수 있습니다.

(A) 당일 추가 매수 Intraday Pyramiding

당일 추가 매수란 셋업이 피봇 포인트를 돌파할 때 50%를 사고, 돌파 시 거래량이 평소보다 100~200% 이상 강하게 상승하면 나머지 50%를 추가 매수하는 방법입니다. 이렇게 분할 매수를 하는 이유는 기관 투자자들이 매수할 때는 거래량이 폭발적으로 증가하고, 이렇게 폭발적으로 증가하는 거래량으로 피봇 포인트를 돌파하는 경우에는 진짜일 확률이 높기 때문입니다. 이 방법은 응용도 가능합니다. 처음 돌파할 때 계획한 매수 물량 전부를 사고, 장이 끝난 후에 돌파 시 거래량이 기대만큼 크지 않다면 시간외 거래로 매수한 물량의 절반을 파는 것입니다.

(B) 새로운 베이스가 형성되면 추가 매수 Another Base Pyramiding

당일에 추가 매수하는 행위에는 여러 약점이 있습니다. 매수한 다음 날 변동성이 심할 경우 미리 정해 놓은 손절에 걸려서 포지션이 어쩔 수 없이 청산되곤 하는데요. 한편으로는 피봇 포인트를 돌파할 때는 거래량이 적었지만 2, 3일 후에는 폭발적인 상승이 일어나기도 합니다. 후자의 경우 당일 돌파 거래량이 적어서 절반 정도를 매도했다면 추후에 상승할 때 수익이 적을 수밖에 없습니다. 결정적으로 직장인들은 장중에 매수 물량을 1, 2차로 사고팔 수 없습니다.

그래서 저는 당일 추가 매수 대신 베이스가 새롭게 생성된 이후 돌파매매를 시도하는 편입니다. 이때의 장점은 크게 두 가지입니다. 첫째, 매수 후 변동성으로 인해 손절에 걸릴 확률이 줄어듭니다. 둘째, 첫 번째 매수 지점에서 발생한 수익을 쿠션을 이용하여 더 큰 금액으로 매수할 수 있습니다.

● 그림 6-8 서울가스 일간 차트(2021.11~2022.09)

● 그림 6-9 공구우먼 일간 차트(2022.03~2022.09)

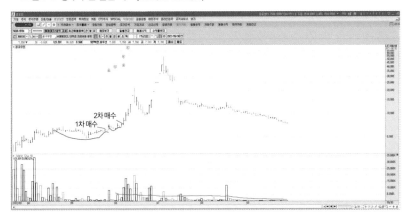

● 그림 6-10 삼성SDI 일간 차트(2020.04~2021.03)

● 그림 6-11 데브시스터즈 일간 차트(2020.05~2021.04)

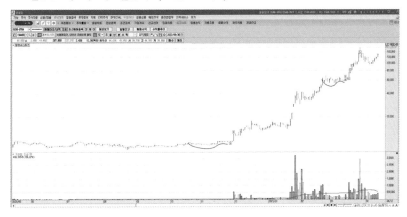

돌파가 실패할 때의 대처법

많은 기술적 분석가들이 돌파 후 되돌림_Whipsaw을 피하고자 노력합니다. 특히 요즘같이 수시로 돌파에 실패하는 장을 만나면 기술적 분석에 대한 의문까지 들죠.

그렇다면 돌파 실패를 피할 수 있는 방법이 있을까요? 연구를 통해서 돌파매매 실패율을 줄일 수는 있습니다만 시장이 호의적이지 않을 때는 그마저도 통하지 않습니다. 제가 말할 내용은 장담컨대 이 책의 핵심 중 하나이면서도 대중에게 사랑받지 못할 방법일 겁니다.

저는 세 가지 도형으로 여러분에게 돌파매매에 대해 설명할 겁니다. 바로 녹색 박스, 빨강 상승 화살표, 파랑 하락 화살표입니다.

● 그림 6-12 KOSPI 주간 차트(2018~2022)

흔히 사람들은 성장주 돌파매매에 있어서 가장 좋은 타이밍은 지수가 상승하는 시기, 즉 빨강 화살표라고 착각하기 쉽습니다. 하지만 돌파매매에 있어서 가장 성공률이 높은 장은 녹색 박스, 즉 조정으로 불리는 횡보장일 때

입니다. 지수가 횡보할 때 천천히 보유 종목을 늘리고 비중을 실어야 하는 거죠. 그리고 조정 후 상승, 빨강 화살표의 시기가 오면 차익을 실현하는 겁니다. 물론 강력한 흐름을 보이는 종목의 경우는 일부 보유하는 게 좋습니다.

시장은 다시 조정을 맞이합니다. 녹색 박스죠. 이때 우리는 새로운 종목으로 편입하거나 기존의 포지션에 피라미딩으로 추가하면서 혹시 있을지 모르는 다음 빨강 화살표의 장을 기다립니다. 문제는 조정 후에 반드시 빨강 화살표의 장이 오는 게 아니라는 데 있습니다. [그림 6-12]가 잘 보여 주죠. 이 그림을 보면 왜 돌파매매하는 투자자들이 힘든 시기를 보내는지 알 수 있습니다. 조정할 때 모아 놓은 종목들의 주가가 조정 후에 위로 치솟아야 하는데 반대로 떨어지니 손절이 속출하는 것입니다.

가장 좋은 방법은 조정 후 상승장이 예상될 때만 포지션을 늘리고, 조정 후 하락장이 예상될 때는 매수를 중단하는 것입니다. 그러나 뭐 말처럼 쉽겠습니까? 조정 후 상승장이 될지 하락장이 될지 정확히 맞히는 사람은 없습니다. 그래서 우리는 조정장에서 포지션을 쌓고 하락장이 오면 털리는 이 과정을 조정 후 상승장이 올 때까지 계속 반복합니다.

추세추종의 보상은 1년에 4번 정도 한정된 기간에 집중적으로 발생합니다. 그 보상은 그동안의 기다림과 손절로 인한 미약한 손실을 충분히 차고 넘치게 메워 줍니다.

주도주는 시장에 선행한다: 시장 약세에 대비한 베팅 방법

기관 자금 유입과 함께 셋업이 돌파된 주가가 뜬금없이 급락하여 매수 지점을 하회하는 경우가 발생합니다. 이런 경우에는 시장의 하락을 예견하는 시그널일 확률이 높습니다. 이런 시그널이 발생한다면 그동안의 수익을 어느 정도 실현시키고 베팅 금액을 줄일 필요가 있습니다.

제시 리버모어는 정상적인 반응과 비정상적인 반응으로 설명합니다. 기관 자금이 이끄는 상승세라면 가격이 오를 때는 거래량도 늘어야 하고, 가격이 떨어질 때는 거래량도 줄어야 합니다. 더불어 상승 기간은 하락 기간에 비해 상대적으로 길고, 조정은 비교적 짧으며, 마치 테니스공이 튀듯이 수일 내에 반등해야 합니다. 이것이 정상적인 반응이라는 것이죠. 그러나 앞서 이야기한 것처럼 돌파에 성공한 종목이 돌파를 되돌리거나 하는 비정상적인 반응을 보인다면 기관 자금이 이탈했다고 볼 수 있기에 제시 리버모어 역시 베팅액을 줄이거나 차익을 적극적으로 실현해야 한다고 말합니다.

예를 들어 보겠습니다.

● 그림 6-13 더네이처홀딩스 일간 차트(2020.10~2021.08)

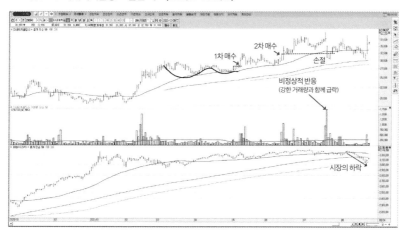

● 그림 6-14 남화토건 일간 차트(2019.04~2020.01)

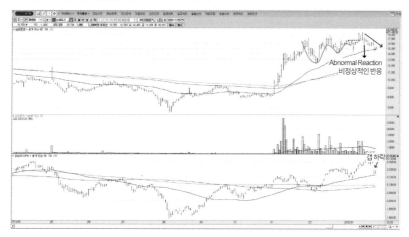

[그림 6-15]는 매수 실패 이후 단기적으로 지수가 조정된 경우입니다.

BREAK THROUGH

부록

연습만이
살길이다

실전처럼
시뮬레이션하는 법

지금은 휴대폰으로 볼 수 있을 정도로 차트 보급이 대중화되었지만, 과거에는 실시간으로 차트를 제공받는다는 걸 상상도 할 수 없었습니다. 그래서 많은 투자자가 매일 제공되는 값을 종이에 적어서 직접 차트를 그리곤 했습니다. 데이비드 라이언은 주말마다 회사에서 차트를 출력한 후 집에 가져가서 차트 분석을 했다고 하죠. 차트 그리던 습관을 여전히 이어 가는 투자자도 있습니다. 피터 브랜트Peter L Brandt, 린다 라쉬케Linda Bradford Raschke 등이 그렇습니다.

그때는 수수료와 세금이 비싸서 개인 투자자는 손절 한 번 할 때도 큰 결심을 해야만 했습니다. 그에 반해 기관 투자자들은 수수료와 세금 걱정 없이 기업의 정보와 차트를 마음껏 이용했습니다. 당시만 해도 기관 투자자들이 압도적으로 유리했던 속칭 '기울어진 운동장'의 시대였습니다. 그런데 지금은 어떠한가요? 개인 투자자들은 PC는 물론이고 휴대폰으로도 언제든지 차트를 볼 수 있습니다. 기업 정보, 세일즈 현황, 재무제표 역시 5분 만에 조회

할 수 있죠. 지금은 개인 투자자가 기관 투자자들에 비해 부족함 없이 투자할 수 있는 시대입니다. 오히려 개인 투자자들은 유동성 측면에서 기관 투자자들보다 압도적으로 유리한 조건에서 투자하고 있죠.

저는 가끔 차트를 연구하는 기술적 분석가들이 백테스팅을 한 번도 해 본적이 없다는 사실에 놀라곤 합니다. 키움 영웅문은 과거의 시점으로 돌아가서 마치 실전처럼 매매를 시뮬레이션할 수 있는 툴이 완벽하게 갖춰져 있습니다. 제가 그 방법을 알려 드리겠습니다. 제가 고른 종목은 과거에 놀라운 성과를 보여 준 바 있는 HMM입니다. 먼저 종합차트를 선택합니다.

● 그림 부록-1 종합차트

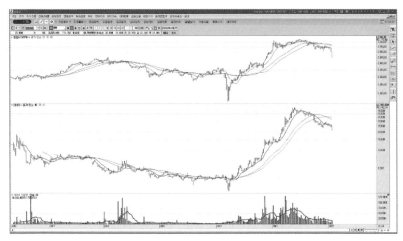

이 화면에는 2016년 자료까지밖에 제공되지 않습니다. 과거의 데이터를 받기 위해서는 '연속조회'라는 버튼을 클릭해야 합니다. 먼저 기준이 되는 KOSPI 데이터부터 연속조회를 통해 끌어 오겠습니다.

● 그림 부록-2 주간 차트 선택 → KOSPI 선택 → 연속데이터 클릭

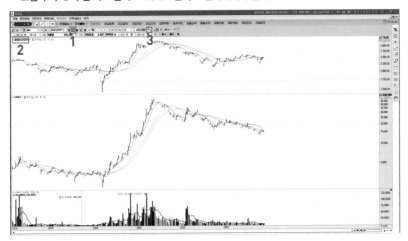

이제 1985년 데이터가 보입니다.

● 그림 부록-3 KOSPI 주간 차트(1985~2019)

그다음으로 HMM 데이터를 가져오겠습니다.

● 그림 부록-4 HMM 클릭 → 연속데이터 조회 클릭

HMM도 이제 과거 데이터가 보입니다.

● 그림 부록-5 HMM 주간 차트(1987~2022)

주간 차트까지 세팅했으니 이제 일간 차트를 세팅해 보죠.

● 그림 부록-6 일간 차트 세팅

이제 좌측 모니터에는 주간 차트를, 우측 모니터에는 일간 차트를 띄워 놓고 원하는 시점부터 시뮬레이션을 할 수 있습니다.

그럼 2019년 12월부터 시뮬레이션을 해 볼까요? 투자자마다 취향이 다르겠지만 저는 주간 차트를 먼저 본 다음에 일간 차트를 봅니다. 월봉은 보지 않는데, 이 점은 윌리엄 오닐과 마크 미너비니도 그렇습니다.

주간 차트 2019년 12월 30일부터 시작해 보겠습니다.

● 그림 부록-7 원하는 사이즈로 세팅

확대축소 버튼(1)과 스크롤바(2)로 원하는 사이즈로 세팅한 후 한 주씩 넘기는 화살표(3)을 이용해서 시뮬레이션을 진행합니다.

● 그림 부록-8 힌트 발견

2020년 4월 27일 주간 차트에서 상승 직전의 셋업이라 생각되어지는 힌트들을 발견할 수 있었습니다.

● 그림 부록-9 매수 타이밍 찾기

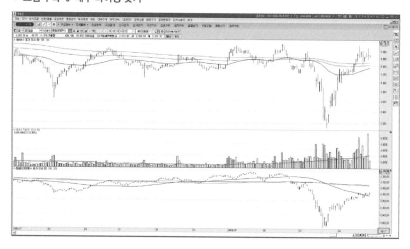

힌트들을 발견하면, 정확한 매수 타이밍을 찾기 위해 다시 일간으로 이동합니다.

● 그림 부록-10 첫 번째 손잡이

첫 번째 손잡이라고 예측되는 셋업을 발견했네요.

● 그림 부록-11 5월 4일자 주간 차트 데이터

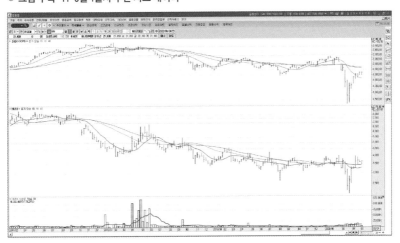

다시 주간으로 이동해서 5월 4일자 데이터를 봅니다. 5월 12일로 주간 차트 날짜를 잡으면 미리 결과가 나오기 때문에 반드시 7일 전까지의 데이터만 이용해야 합니다. 결과가 미리 나오면 실전 같은 시뮬레이션을 할 수 없겠죠?

주간 차트에서 단기 지수 상대 강도상 특별한 촉매를 발견하지 못했습니다. 현재 핸들의 위치는 조금 낮은 경향이 있네요. 이를 감안하고 다시 일간 차트로 전환합니다.

● 그림 부록-12 매수 여부 결정

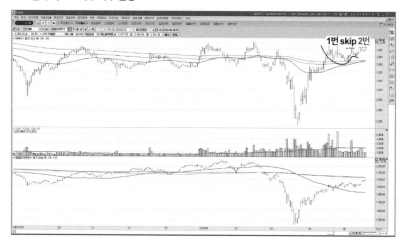

일간으로 전환한 후 핸들에서 매수하지 않고 기다리기로 마음먹습니다. 만약 1번에서 매수했다면 돌파에 실패했을 겁니다. 1번의 실패 덕분에 2번에서 더 좋은 매수 기회가 찾아왔습니다.

이제 결과를 확인해야겠죠?

● 그림 부록-13 결과 1

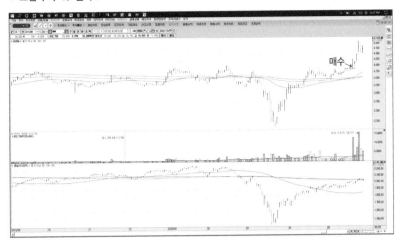

● 그림 부록-14 결과 2

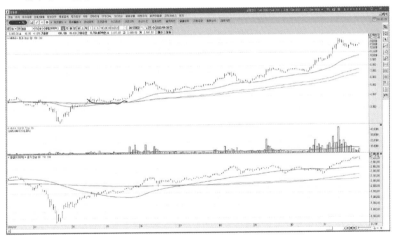

지금까지 해 온 시뮬레이션 중 실전과 조금이라도 차이 나는 것이 있나요? 이렇게 모의로 시뮬레이션을 여러 번 하다 보면 학습 곡선_{Learning Curve}을 십 년 이상 당길 수 있습니다. 즉 이런 연습을 1년만 꾸준히 해도 10년 차 투자자보다 실전 매매 경험을 더 많이 할 수 있습니다.

독자들의 질문에 대한 답변

연재하면서 독자들에게 많은 질문을 받았습니다. 그 내용을 여러분에게 소개하고자 합니다.

추천 도서는 어떤 것이 있나요?

다음의 여섯 권을 추천드립니다.

(1) 마크 미너비니, 『챔피언처럼 생각하고 거래하기Think and Trade Like a Champion』

(2) 윌리엄 오닐, 『최고의 주식 최적의 타이밍』

(3) 마크 미너비니, 『초수익 성장주 투자』

(4) 스탠 와인스타인, 『주식투자 최적의 타이밍을 잡는 법』

(5) 매튜 갈가니, 『투자의 규칙』

(6) 마크 미너비니, 『초수익 모멘텀 투자』

추천하는 주식 방송은 어떤 것이 있나요?

국내 주식 방송은 시청하지 않는 것을 원칙으로 하지만, 산업 분석을 간결하고 정확하게 잘하는 분들의 방송은 시청합니다.

개인적으로 다음의 방송들을 추천합니다.

- https://marketsmith.investors.com/learn/webinars.aspx
- 유튜브 트레이더 라이언(https://www.youtube.com/c/TraderLion)

참고로 유튜브에서 마크 미너비니, 데이비드 라이언을 검색하면 양질의 좋은 자료들이 나옵니다. 트위터에서 팔로우할 만한 투자자로는 세 명을 거론할 수 있습니다. 마크 미너비니(@markminervini), 데이비드 라이언(@dryan310), 마크 릿치 2세(@MarkRitchie_II)입니다.

손절 기준은 몇 %입니까? 시장의 분위기에 따라, 선택하는 종목의 변동성에 따라 손절은 조정하기도 하나요?

손절은 마크 미너비니가 사용하는 Staggered Stop을 사용합니다. 예를 들면 제가 100주의 주식을 매수했다면 매수가에서 -4%까지 하락 시 50주를 1차 매도하고, 그 이후에도 추가로 -8%까지 하락한다면 남아 있는 보유 주식 전량(나머지 50주)을 매도합니다. 키움증권 영웅문에서 잔고편입 자동매도로 쉽게 설정이 가능합니다.

삭제	감시	상태	적용 대상	감시 조건		주문 설정	주문 구분	주문 수량
	■	감시 중	모든 종목	0	손(4.00%)	서버 자동	시장가	50%
	■	감시 중	모든 종목	0	손(8.00%)	서버 자동	시장가	100%

2023년 대박주
매매 일지

W 패턴 – 루닛

● 그림 부록-15 루닛 주간 차트(2019~2023)

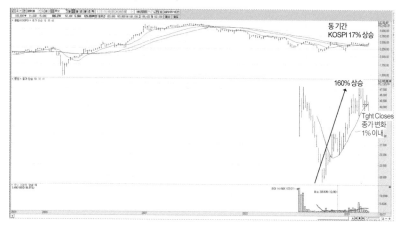

저는 루닛을 2023년 4월 5일에 매수했습니다. 그림을 보면 'Tight Close'가
눈에 띌 텐데요. 이것이 왜 긍정적인 시그널일까요? 기관 투자자들은 주문

수량이 워낙에 많기 때문에 한 번에 주문을 체결할 수가 없습니다. 즉 며칠 혹은 몇 주에 걸쳐서 주문을 해야 하는데, 차트에는 이들의 흔적이 남을 수 밖에 없습니다.

Tight Close는 주간 차트상에서 종가의 차이가 1% 내외로 유지되는 것을 말합니다. 이는 기관 투자자들이 특정 가격대에 계속해서 주문을 내기 때문에 생기는 일입니다.

● 그림 부록-16 루닛 일간 차트 1

[그림 부록-16]을 보면 KOSPI가 조정받는 상황에서 오히려 주가가 상승하는 모습을 확인할 수 있습니다.

● 그림 부록-17 루닛 일간 차트 2

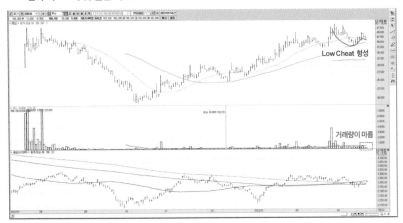

[그림 부록-17]을 보면 Low-Cheat가 형성된 것이 보일 겁니다. 거래량이
말랐죠?

● 그림 부록-18 루닛 일간 차트 3

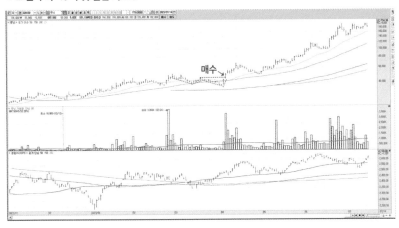

하지만 주가는 Low-Cheat에서 돌파하지 못하고 지속적으로 하락합니다.
저는 결국 W 패턴으로 매수했습니다.

손잡이가 달린 컵 패턴 – 엔비디아

● 그림 부록-19 엔비디아 주간 차트(2019~2023)

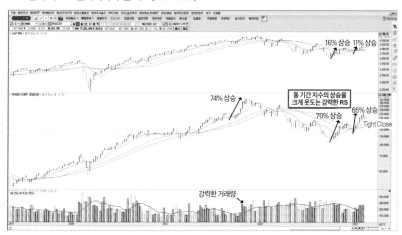

엔비디아 주간 차트에도 'Tight-Close'가 적혀 있습니다. 동 기간 S&P 500 대비 많이 상승했다는 것을 확인할 수 있습니다. 이제 일간 차트를 볼까요?

● 그림 부록-20 엔비디아 일간 차트 1

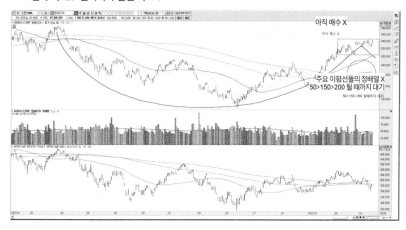

손잡이가 달린 컵 패턴을 만들어 가고 있지만 아직 매수할 단계는 아닙니다. 주요 이동평균선들이 정배열 상태가 아니기 때문입니다. 50일선이 가장 위에, 그다음에 150일선, 마지막으로 200일선이 놓일 때까지 기다려야 합니다.

● 그림 부록-21 엔비디아 일간 차트 2

손잡이가 달린 컵 패턴이 만들어진 것처럼 보이지만 한 가지 우려 사항이 있습니다. 50일선을 상회하는 음봉 거래량이 나왔기 때문인데요. 이럴 때는 최소 4, 5일간은 매수를 자제하고 기다려야 합니다.

이후 차트는 [그림 부록-22]와 같습니다.

● 그림 부록-22 엔비디아 일간 차트 3

W 패턴 - 에코프로

● 그림 부록-23 에코프로 주간 차트 1

에코프로 역시 주목할 지점은 시장이 하락할 때 상승한다는 점입니다. 여기서 또 하나 주목할 부분은 2021년 8월 9일에 엄청난 거래량이 발생했다는 것입니다. 이는 2단계에 진입했음을 뜻하기도 합니다.

● 그림 부록-24 에코프로 주간 차트 2

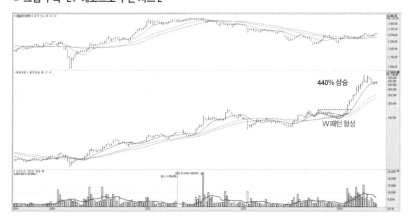

[그림 부록-24]와 같이 W 패턴을 그린 뒤 2023년 2월 7일에 피봇 포인트를 돌파합니다. 이후로 440%, 아니 그 이상 상승했죠.

사실 에코프로의 경우 손잡이가 달린 컵으로 시작했음을 차트를 통해 확인할 수 있습니다.

● 그림 부록-25 에코프로 일간 차트 1

하지만 손잡이에서 돌파할 줄 알았던 주가는 하락하고, W 패턴이 되어 버립니다.

● 그림 부록-26 에코프로 일간 차트 2

손잡이가 달린 컵 패턴은 시장(코스피와 같은 지수)이 하락할 때 이렇듯 W 패턴으로 변하곤 합니다. 그러니 한 번 손잡이가 달린 컵의 조건이 형성되면 W 패턴으로 다시 돌파할지 여부를 잘 추적해야 합니다.

W 패턴 – 한미반도체

W 패턴을 하나 더 보겠습니다. 종목은 한미반도체로, 2023년 5월 19일에 매수했습니다. 그에 앞서 시장과 반대 흐름을 보인 때가 언제인지 확인해 볼까요? 바로 2023년 3월입니다.

● 그림 부록-27 한미반도체 주간 차트

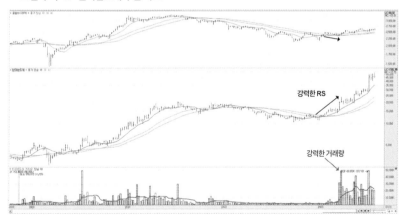

일간 차트를 보면 W 자를 그리고 있음을 확인할 수 있습니다.

High-Tight Flag – 코스메카코리아

이번에 살펴볼 종목은 코스메카코리아로 High Tight Flag 패턴입니다. 제가 매수한 날은 2023년 6월 20일입니다.

● 그림 부록-29 코스메카코리아 주간 차트

시장이 약세일 때 코스메카코리아의 주가는 3주 만에 100% 상승했습니

다. High-Tight Flag의 조건이기도 한데요. 이때 상승 후 조정폭은 20~25% 이내여야 합니다. 또한 거래량이 급격하게 감소해야 합니다.

이번에는 일간 차트를 보겠습니다.

● 그림 부록-30 코스메카코리아 일간 차트

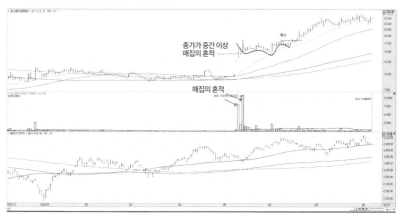

대량의 적색 거래량이 발생하면 기관 자금이 이탈했다고 해석하는 경우가 많습니다. 하지만 오히려 종가가 중간 이상에서 끝났다는 것은 기관 투자자가 주가의 하락을 저가 매수의 기회로 보고 다시 사기 시작했다는 이야기가 됩니다. 즉 종가를 끌어올린 것이지요. 이런 현상이 왜 발생할까요? 아침 장이 시작하자마자 매매하는 개인 투자자와 달리 프로페셔널한 투자자들은 장 마감을 몇 시간 앞두고 매매하곤 하기 때문입니다.

손잡이가 달린 컵 – 포스코퓨처엠

이 종목을 매수한 시점은 2023년 7월 18일입니다.

● 그림 부록-31 포스코퓨처엠 일간 차트 2

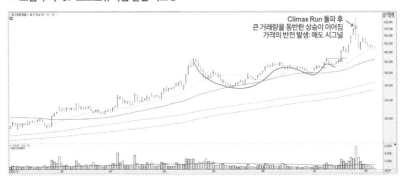

    [그림 부록-31]을 보면 'Climax Run'이란 낯선 용어가 등장합니다. 보통 1~3주 동안에 20~50% 급등하는 경우 Climax Run을 의심해 볼 수 있는데요. Climax Run이란 주가가 정점에 이르기 전에 마지막으로 강한 거래량을 동반하여 상승하는 것을 말합니다. 수익 실현을 고려해야 하는 시점인 것이죠. 일간 차트에서는 총 8일 중 7일 이상 상승으로 마감했을 때, 혹은 총 10일 중 8일 이상 상승 마감했을 때 Climax Run을 의심해 봐야 합니다. 포스코퓨처엠은 총 8일 중 7일간 상승했으며, 10일째에 거래량을 동반한 the Widest Spread(시가 종가의 차이가 가장 큼)가 발생했습니다.

    확대해서 보면 차트는 다음과 같습니다.

● 그림 부록-32 포스코퓨처엠 일간 차트 2

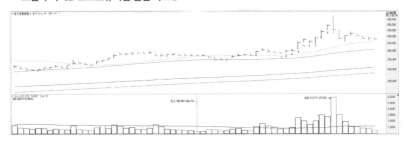

이러한 현상은 2021년 11월, 나스닥의 정점을 정확하게 예견하게 해 준 테슬라에서도 나타납니다. 당시 선도주였던 테슬라의 Climax Run은 선도주는 시장에 선행한다는 명제의 예시를 정확히 입증합니다. 나스닥은 이후 40% 가까이 급락했습니다.

● 그림 부록-33 테슬라 주간 차트

● 그림 부록-34 테슬라 일간 차트

손잡이가 달린 컵 – 레이크머티리얼즈

이 종목을 매수한 시점은 2023년 6월 12일입니다.

● 그림 부록-35 레이크머티리얼즈 주간 차트

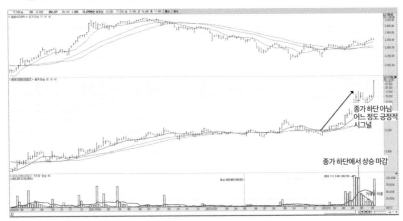

역시 시장과 반대로 주가가 상승하는 모습을 보여 줌과 동시에 거래량도
상당한 것을 확인할 수 있습니다. 이때 하나 주의 깊게 봐야 할 것이 있습니
다. 거래량이 터진 시점에서 종가가 어디에 마감했느냐인데요. 아래와 가깝
긴 하지만 하단이라고 보기는 애매한 위치에 있습니다. 어느 정도 긍정적인
시그널로 해석할 수 있습니다.

이제 일간 차트를 볼까요?

● 그림 부록-36 레이크머티리얼즈 일간 차트

일간 차트로 보면 종가가 중간에 위치해 있습니다. 이건 오히려 매집 시그

널이라고 볼 수 있습니다.

주가가 상승할 때 거래량이 많으면 매집(기관 투자자들이 매수), 주가가 하락할 때 거래량이 많으면 분산(기관 투자자들이 개인에게 물량을 떠넘김)이라고 합니다. 따라서 주가가 하락하면서 거래량이 10주 이동평균선을 상회하는 거래량이 발생한다면 해당 주식은 경각심을 갖고 당분간 매수 대상으로 고려하지 말아야 합니다.

그렇다면 레이크머티리얼즈는 어떨까요? 4월 14일과 21일에 강력한 상승 거래량이 나왔고 4월 28일에는 하락 거래량이 나왔으나 이조차도 일간 차트로 보면 오히려 매집 시그널로 해석할 수 있습니다. 종가가 중간 위치에 놓여 있기 때문이죠.

Flatbase - 클래시스

이 종목은 2023년 4월 28일에 매수했습니다. 주간 차트를 보겠습니다.

● 그림 부록-37 클래시스 주간 차트

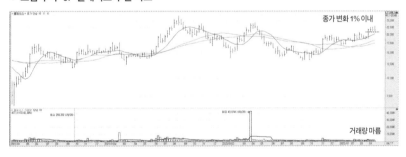

이 종목 차트에서 흥미로운 점은 종가 변화가 1% 이내인 지점이 있으며, 이때 거래량은 말라 있다는 데 있습니다. 일간 차트를 봐 볼까요?

일정한 간격으로 거래량이 메마른 채 움직이다 평균 이상의 거래량과 함께 돌파합니다. 이때가 매수 지점입니다.

Pivot Failure Reset – 진시스템

해당 종목은 2023년 5월 22일에 매수했습니다.

● 그림 부록-39 진시스템 일간 차트

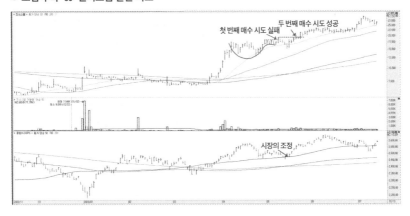

시장의 조정으로 인해 손잡이에서 첫 번째 매수를 시도했으나 돌파하지 못했습니다. 이후 코스피의 하락으로 인해 추진력이 상실되었지만, 주가는 돌파가 실패한 지점의 고점을 반등 후 뚫습니다. 이처럼 재도전할 때 매수하는 것을 Pivot Failure Reset, 재매수라고 합니다.

손잡이가 달린 컵 - 예스티

해당 종목은 2023년 7월 12일에 매수했습니다.

● **그림 부록-40 예스티 주간 차트**

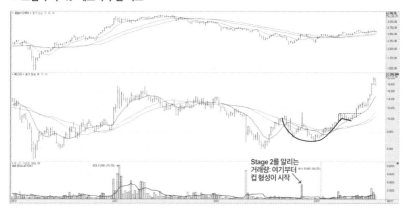

차트에서 보여지듯이, 손잡이가 달린 컵 패턴을 그린 주가가 컵을 돌파하기 전에 2단계를 알리는 거래량이 한 차례 등장하죠. 이렇듯 베이스 형성 기간 중에 큰 상승 거래량이 발생하는 이유는 기관 투자자들이 매집을 하고 있기 때문입니다.

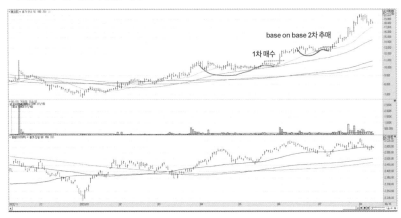

일간 차트로 보면 돌파 구간이 더욱 잘 보일 겁니다. 1차 매수 구간은 컵을 돌파하는 시점이며, Base on Base* 모양을 또 한 차례 그리면서 2차 추매 구간이 만들어집니다.

Cup in Cup – 오스테오닉

해당 종목은 2023년 6월 9일에 매수했습니다.

주간 차트를 보면 2021년 1월에 역대급의 거래량이 터진 것을 알 수가 있습니다. 당해 4, 6월에도 거래량이 터지고 있죠.

---

* 보통 피봇 돌파 후 시장(코스피, 코스닥)이 하락하는 경우에 많이 발생하는데, 좋은 2차 추가 매수 기회가 되기도 한다. 2차 베이스는 1차 피봇(손잡이) 기준 20% 이내에서 형성된다.

이렇듯 한 번 기관 투자자들의 대규모 자금이 유입되면, 이 자금은 쉽게 빠져나가지 않습니다. 기관 투자자들의 시간 개념은 우리보다 훨씬 더 장기적입니다. 이렇듯 약 3년에 걸쳐 기관 투자자들은 이 주식을 매집하고 있습니다. 이런 매집의 흔적은 차트에 남게 됩니다.

이렇게 큰 모양의 손잡이가 달린 컵이 형성되는 경우 시세 분출 시 상승폭도 이에 비례해서 커지기 마련입니다.

● 그림 부록-43 오스테오닉 일간 차트

High Tight Flag - HLB이노베이션

해당 종목은 2023년 4월 6일에 매수했습니다. 주간 차트를 보면 2주 만에 200% 이상의 급상승을 하며 HTF를 형성했음을 확인할 수 있습니다.

● 그림 부록-44 HLB이노베이션 주간 차트

이렇게 급상승한 경우 기존의 매물대, 즉 가격의 정점인, 전 고점에서 물려 있는 사람이 얼마나 많은지 여부를 판단하는 것 역시 중요합니다. 매수하려는 피봇 포인트(그림에서의 손잡이) 위로 가로로 선을 그어 보세요. 손잡이보다 높은 가격대를 형성한 날이 단 4거래일밖에 되지 않습니다. 게다가 그 4거래일 동안의 거래량도 많지 않고요. 매물대가 있으나 매우 미약하다고 판단할 수 있습니다. 미약한 매물대라면 자신감을 갖고 매수 주문을 걸어도 됩니다.

● 그림 부록-45 HLB이노베이션 일간 차트

Failure Reset, W 패턴 – 디이엔티

해당 종목은 2023년 6월 12일에 매수했습니다. 정확하게는 1차 매수 실패 후 2023년 7월 13일에 재매수했습니다. 다음은 디이엔티의 일간 차트입니다.

● 그림 부록-46 디이엔티 일간 차트

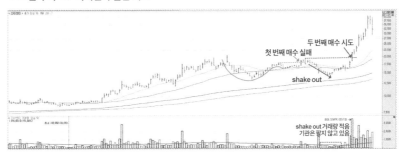

1차 매수 실패가 발생한 이후 다시 매수 기회가 주어지는 Failure Reset 패턴입니다. 1차 매수 실패 후 하락 시기에 50일 평균 거래량을 상회하는 거래량이 나오지 않고 있습니다. 즉 기관들은 가격의 하락에도 불구하고 이 종목을 계속 홀딩하고 있다는 얘기죠. 그렇게 두 번째 돌파 시점에서 매수를 시도했습니다.

손잡이가 달린 컵 – 윤성에프앤씨

해당 종목은 2023년 6월 12일에 매수했습니다.

이제는 익숙한 패턴일 거라 별도의 설명은 하지 않겠습니다.

● 그림 부록-47 윤성에프앤씨 일간 차트

손잡이가 달린 컵 – 티이엠씨

해당 종목은 2023년 5월 30일에 매수했습니다. 역시 익숙한 패턴이기에 별도의 설명은 하지 않고, 한 가지만 덧붙이고자 합니다.

많은 투자자가 흔히 저지르는 실수가 손잡이가 형성되면 바로 매수하는 것입니다. 하지만 첫 번째 피봇 포인트에서 매수하면 안 됩니다. 왜일까요? 가짜 돌파$_{Squat}$나 Shakeout을 겪을 확률이 높기 때문입니다. 직전에 가짜 돌파나 Shakeout이 발생하지 않았다면 손잡이는 4~5일 동안 거래량이 적은 상태의 조정을 거칩니다.

● 그림 부록-48 티이엠씨 일간 차트 1

두 번째 일간 차트를 보면 동 기간 지수가 4% 상승한 데 반해, 손잡이는 24% 상승한 것을 확인할 수 있습니다. 지수 대비 강력한 단기 RS가 형성된 것이죠.

Failure Reset, Squat - 엔젯

해당 종목은 2023년 3월 23일에 매수했습니다. 매수 실패 직후 고점의 경우 다시 진입할 수 있는 좋은 포인트가 됩니다. 이걸 Squat이라고 하죠.

● 그림 부록-50 엔젯 일간 차트

손잡이가 달린 컵 - 제너셈

해당 종목은 2023년 5월 10일에 매수했습니다. 역시 익숙한 차트이니 자세히 설명하지는 않겠습니다.

다만 이번 차트에서 설명할 것은 21일, 50일, 클라이맥스 런을 이용한 매도 전략입니다.

● 그림 부록-51 제너셈 일간 차트

21일선과 50일선은 기관 투자자들의 자금이 이탈되었는지를 확인할 수 있는 좋은 지표입니다. 주가가 오르면 자연스럽게 21일, 50일선도 상승하는데요. 어느 순간에 이르면 50일선이 매수가를 따라잡는 상황이 찾아옵니다. 이때 50일선 이탈 유무로 수익 실현 여부를 결정하는 것입니다. 21일선을 이탈할 경우 절반 정도 수익을 실현하는 것도 좋은 전략입니다.

그렇나면 왜 21일, 50일선일까요? 기관 투자자들은 많은 물량을 매수하기 때문에, 원하는 물량을 확보하기 위해서는 며칠, 때론 몇 주가 걸리는 경우가 많은데 대개 이런 경우 21일과 50일선을 기준으로 매수합니다. 즉 기관 투자자들이 매수하고자 하는 종목의 경우 21일, 50일선까지 주가가 조정을 받았을 때 매수세가 유입되곤 합니다.

누구도 주식의 고점을 정확히 맞힐 수 없습니다. 따라서 중요한 지표들을 이용해서 그때그때 적극적으로 수익을 실현해야 하죠. 21일선과 50일선을 잘 활용하면 매도에 어려움을 느끼지 않을 겁니다.

또 다른 예제로 원텍도 보여 드리겠습니다.

● 그림 부록-52 원텍 일간 차트

W 패턴 - 석경에이티

해당 종목은 2023년 3월 9일에 매수했습니다. 이 경우 손잡이가 달린 컵이 W 패턴으로 바뀌는 것을 확인할 수 있습니다.

● 그림 부록-53 석경에이티 일간 차트

돌파매매 전략

초판 1쇄 발행 2024년 1월 17일
5쇄 발행 2024년 8월 16일

지은이 systrader79, 김대현(Nicholas Davars)

펴낸곳 ㈜이레미디어
전화 031-908-8516(편집부), 031-919-8511(주문 및 관리)
팩스 0303-0515-8907
주소 경기도 파주시 문예로 21, 2층
홈페이지 www.iremedia.co.kr **이메일** mango@mangou.co.kr
등록 제396-2004-35호

편집 이병철, 주혜란 **디자인** 황인옥 **마케팅** 김하경
재무총괄 이종미 **경영지원** 김지선

ISBN 979-11-93394-16-8 (03320)

* 가격은 뒤표지에 있습니다.
* 잘못된 책은 구입하신 서점에서 교환해드립니다.
* 이 책은 투자 참고용이며, 투자 손실에 대해서는 법적 책임을 지지 않습니다.

당신의 소중한 원고를 기다립니다.
mango@mangou.co.kr